그대
인연을
사랑하라

그대 인연을 사랑하라

초판 1쇄 발행 2013년 10월 1일
2쇄 발행 2013년 11월 11일

지은이	남달구
발행인	권선복
편집주간	김정웅
편　집	김소영
기록정리	한영미
디자인	김소영
전자책	신미경
마케팅	서선교
발행처	도서출판 행복에너지
출판등록	제315-2011-000035호
주　소	(157-010) 서울특별시 강서구 화곡로 232
전　화	0505-613-6133
팩　스	0303-0799-1560
홈페이지	www.happybook.or.kr
이메일	ksbdata@daum.net

값 15,000원
ISBN 978-89-97580-99-6　13300

Copyright ⓒ 남달구, 2013

* 이 책은 저작권법에 따라 보호받는 저작물이므로 무단전재와 무단복제를 금지하며, 이 책의 내용을 전부 또는 일부를 이용하시려면 반드시 저작권자와 〈도서출판 행복에너지〉의 서면 동의를 받아야 합니다.
* 잘못된 책은 구입하신 곳에서 바꾸어 드립니다.
* 〈도서출판 행복에너지〉 홈페이지에 방문하여 회원가입을 하시면 신간발행 소식과 함께 (주) 휴넷 조영탁 대표님의 '행복한 경영이야기' 소식을 전송해 드립니다.

> 도서출판 행복에너지는 독자 여러분의 아이디어와 원고 투고를 기다립니다. 책으로 만들기를 원하는 콘텐츠가 있으신 분은 이메일이나 홈페이지를 통해 간단한 기획서와 기획의도, 연락처 등을 보내주십시오. 행복에너지의 문은 언제나 활짝 열려 있습니다.

그대 인연을 사랑하라

남달구 지음

도서출판 **행복에너지**

공자는 천하에 도적보다 더 위험한 다섯 종류의 사람이 있다고 했습니다.

첫째가 아는 것이 많으나 마음이 흉악한 자요
둘째, 행실이 좋지 않으면서 고집만 센 자
셋째, 분명히 거짓말을 하나 변론을 잘하는 자
넷째, 오로지 추한 것만 기억하고 널리 기록하는 자
다섯째, 그릇된 일을 따르면서 이를 은덕으로 포장하는 자라 했습니다. 이런 자는 간웅奸雄이니 미리 제거하여야 한다고 했습니다.

풍진과 세파에 찌들어 살아오다 보니 다름 아닌 바로 내 자신이 이런 종류의 인간이 돼가고 있었습니다. 30여 년간의 기자생활 동안 내 눈에 낀 대들보 같은 허물보다는 남의 눈에 낀 티끌을 더 많이 보아왔기에 더욱 그렇습니다. 심신은 탁해져가고 빛바랜 영혼의 그림자는 바람 앞에 촛불처럼 흐느적거렸습니다. 더 늦기 전에 무엇인가 변하지 않으면 안 된다는 절박한 생각이 분출하지 못한 용암처럼 늘 가슴속에서 꿈틀거리며 나를 짓눌렀습니다.

프롤로그

'나의 인생은 어디로 흘러가고 무엇을 위해 살아가며 지금 어디쯤 서 있는 것일까?'

나를 찾아 길 없는 길을 떠나는 여행의 시작이었습니다. 그래서 밖으로 향한 여정보다는 내면의 성찰이 필요하다는 생각이 들었습니다. 생의 항로에 조각배를 띄워 느릿느릿 기억의 강물을 거슬러 기억 저편 너머에 갇혀 있던 삶의 편린들을 더듬었습니다. 그 여행의 쉼터에서 이 못난 졸고를 쓰게 된 것입니다.

"불기자심不欺自心! 스스로의 양심을 속이는 인간이 되지 말자."

성철스님의 말씀을 삶의 기둥으로 삼았지만 반듯하게 살아온 날보다는 그렇지 못한 날들이 더 많았습니다. 그렇기에 출간의 설렘보다는 부끄러움과 두려움이 앞섭니다. 갈수록 여위어 가는 상처난 내 영혼의 소리에 가만히 귀 기울여 봅니다. '그대! 너무 낙담하지 마라. 어차피 인생이란 당신의 삶의 선택이 드리운 그림자가 아니던가. 비난할 일도 슬퍼할 일도 더구나 남을 원망할 일도 없는 것이니 그대가 살아온 날들에 그저 고맙고 감사하게 생각하라. 살아

온 날들보다는 앞으로 살아갈 시간들이 더욱 소중한 것이니 늘 참회하는 마음으로 살라.'고 말합니다. 스스로를 위한 자위의 소리이자 나약한 변명입니다.

우리의 몸에서 가장 강한 것이 뼈이지요. 그러나 강하다는 치아는 6, 70년이 못되어 의치를 해야 하고, 가장 부드러운 혀는 평생을 함께합니다. 남은 생은 딱딱함과 강함보다는 부드럽고 하심下心하는 마음으로 살고 싶습니다. 가을 국화와 봄 난초는 다 때가 있다 했습니다. 호랑이 무늬는 타고난 것이지 그려서 되는 것이 아닙니다. 본성은 스스로 드러내는 것이지 지어낸다고 되는 것이 아니기에 말입니다.

옛 선사들은 "한 생각 일으키면 곧 윤회의 바다요 고통이며 한 생각 끊어진 자리가 무여열반 해탈의 자리"라 했습니다. 한 생각 일어나기 전 본래진면목本來眞面目의 성좌를 밝히는 길을 떠나고자 합니다. 내 삶의 탁류에 마침표를 찍고 영원불멸한 혼의 등불을 켜고자 합니다. 그리고 친구에게로 이웃에게로 언제나 향기로움을 전하는, 늘 그리운 사람으로 남고자 합니다. 이것만은 꼭 욕심을 부리고 싶습니다.

 삶의 여정에서 나로 인해 상처받은 모든 이들에게 이 자리를 빌려 진심으로 자비의 용서를 구하고자 합니다. 그리고 이 책이 나오도록 물심양면으로 도움을 주신 도서출판 행복에너지의 권선복 사장님, 원고 교정과 디자인에 수고로움을 마다치 않은 김정웅, 김소영 님께 고마움의 인사를 올립니다.

금당金堂 남달구 드림

추천사

◉ 대한불교조계종 총무원장 자 승

벼루에 물을 붓고 먹을 갈아 붓으로 새하얀 도화지 위에 점 하나를 찍습니다. 마음이 어지럽게 이곳저곳으로 뛰어다닐 때면 다잡기 위해 가끔씩 붓을 집어 듭니다.

그런데 붓이라는 물건이 참 묘합니다. 부드럽기는 한없이 부드럽되, 날카로울 때는 벼린 칼날보다 더 예리합니다. 묽고 진한 농담濃淡으로 매운 향기 가득한 매화를 그려내다가도, 일필휘지로 써 내려간 문장은 세상의 상처를 도려내고 아픔을 치유하기도 합니다.

30여 년간 특종과 이슈보다는 '가치와 진실'을 찾아 현장을 뛰어다닌 남달구 기자가 책을 냈다는 소식을 전해 듣고 문득 붓을 떠올린 것은 가야할 길을 묵묵히 걸어간 그의 열정과 소신을 잘 알기 때문입니다.

남달구 기자는 책의 글머리에서 자신이 공자가 말한 도적보다 위험한 다섯 종류의 사람, 즉 아는 것이 많으나 마음이 흉악한 자, 행실이 좋지 않으면서 고집만 센 자, 거짓말을 하나 변론을 잘하는 자, 추악한 것만 기억하고 기록하는 자, 그릇된 일을 따르면서 은덕으로 포장하는 자가 되어가고 있었다고 고백합니다.

"나의 인생은 어디로 흘러가고, 무엇을 위해 살아가며 지금 어디쯤

서 있는 걸까?" 남달구 기자의 고백은 굴곡진 지난 삶과 풍파에 찌든 현재의 자신을 돌아보고 '참 나를 찾아 떠나는 여정'의 시작이라 할 수 있으며, 이 책은 30여 년 기자생활 동안 현장을 누비면서 듣고 보고 느꼈던 수많은 사건들 속에서 '참 나를 찾아 떠나는 여정'의 생생한 기록입니다.

  길을 찾는 것은 쉬운 일이 아닙니다. 더구나 가지 못했고, 어디로 이어질지 모르는 길을 간다는 것은 더더욱 그러합니다. 그러나 '참 나를 찾아 떠나는 길'은 후회하지 않을 삶을 살려는 이라면 반드시 가야 할 길입니다. 남달구 기자는 어쩌면 길에서 태어나 길 위에서 중생을 교화하다가, 길 위에서 반 열반에 든 석가모니 부처님처럼 길 위의 인생을 선택했는지도 모르겠습니다.

  '눈 덮인 들판을 걸을 때 함부로 어지럽게 걷지 마라. 오늘 내가 남기는 이 발자국은 뒤에 따라 오는 이의 이정표가 되리니 踏雪野中去 不須胡亂行 今日我行跡 遂作後人程.'라는 옛 성현의 시가 있습니다. '참 나를 찾아가는' 남달구 기장의 여정은 좁게는 후배기자들에게, 넓게는 세인들에게 삶의 이정표가 되리라 생각하면서 앞으로도 눈앞의 이익보다는 가치와 진실을 향해, 참 나의 길을 향해 뚜벅뚜벅 걸어가길 기원합니다.

추천사

세계한민족대표자협의회장 **남문기**

어릴 적 고향 의성의 두메산골 초가지붕 위에는 가을이면 박이 주렁주렁 열렸습니다. 둥근 보름달이 휘영청 뜬 밤. 길고 긴 여름의 터널을 인고해 온 박은 새하얀 빛을 발하며 가을의 전설을 얘기합니다. 아직도 나는 그 새하얗던 고향의 밤을 잊지 못합니다.

여기 늘 고향 집의 박 같은 사람이 있습니다. 남달구 기자는 나보다 나이는 다소 어리지만 가난하고 어려웠던 시절을 함께한 집안 아재이기도 합니다. 늘 느리고 조용조용한 말씨와 생각에 잠긴 것 같은 그의 깊은 눈매는 예리한 기자라기보다는 예술인이나 학자에 더 가깝다는 생각을 들게 합니다. 그런 그가 먼 길을 돌아 이제 30여 년 기자생활의 역정을 담은 삶의 이야기를 출간한다니 제 일인 것처럼 기쁜 마음입니다.

먹을 것조차 없던 시절에 궁핍한 산촌의 할머니가 어찌 커피를 알았겠습니까? 그저 손자의 보약인 줄 알고 저녁마다 한 솥씩 끓여서 마시게 했다는 「커피와 할머니」 얘기는 당시 가난했던 우리 농촌의 초상이기도 합니다. 빳빳하게 고개 쳐들었던 초목이 어찌 가을의 넉넉함과 성숙함을 알았겠습니까? 어찌 삶에 질곡이 없었겠습니까?

시행착오도 많았겠지요. 바쁜 기자생활 가운데서도 늘 자신의 본성을 잃지 않으려고 노력한 성찰의 글은 적잖은 감동을 줍니다.

그렇습니다. 시련과 고통 없는 성공과 행복은 결코 없습니다. 가난이 싫어 300달러를 들고 무작정 찾아 온 미국에서 굴뚝 청소부라는 밑바닥 인생부터 시작해, 뉴스타 부동산 그룹과 세계한민족대표자협의회 회장이 된 오늘의 나를 있게 한 것도 바로 시련과 고통을 딛고 일어서고자 하는 끊임없는 용기와 도전정신이었습니다. 시련은 행복의 원천입니다.

그는 지금 과거를 참회의 지팡이 삼아 길 없는 길을 찾아 떠난다 했습니다. '참 나'라는 본성은 영혼의 안식처이자 종착역입니다. 기독교에서 말하는 하느님이자 유교에서 말하는 중용이요, 불교의 부처님 같은 사랑과 자비 그리고 겸양지덕의 마음이라 생각합니다. 그의 소중한 글이 모든 이들의 마음과 영혼을 적시는 단비가 되었으면 하는 마음이 간절합니다. 그리고 남 기자의 책 출간을 거듭 축하합니다.

추천사

중앙일보 경기인천총국장 **정기환**

"히야(형님아) 오늘 술 맛 좋제." 그는 늘 조곤조곤 얘기한다. 더욱 넉넉하고 푸근해지는 대폿집 골목의 저물어가는 풍경. 그 바람에 막창이며 돼지껍데기, 한치포 등 안주가 동이 난다. 거나하게 술기운이 오르면 말씨는 고장 난 전축 판처럼 더욱 느려지고 은근해진다. "야! 기환아, 그런데 말이지…." 하며 말이다. 술청에 술꾼들이 비어가면 젓가락 장단도 마다치 않는다. 언제 적부터 배호 팬인지 모르지만 명동거리에는 늘 비가 내린다. '사나이 두 뺨을 흠뻑 적시고 말없이 떠난 사람아.' 〈비 내리는 명동거리〉가 그의 18번이다. 적당히 흔들리며 귀가하는 뒷모습은 '사나이 가슴속에 비만 내린다.'라는 구절을 떠올리게 한다.

어려서는 친구의 친구였다. 그러다 같은 대학을 나와 같은 해에 기자를 시작했다. 두 사람 다 세상의 그 많은 직업 중에 '돈 안 되는' 일을 선택하는 DNA를 가진 셈이다. 스물일곱, 여덟의 그 청년들이 어느덧 반백의 장년이 됐다. 1980년대, 1990년대 그리고 또 21세기다. 하릴없이 분주했던 세월이었다. 저문 강 언덕에서 세상 풍경을 노래하기도, 욕심 덩어리의 세태를 질타하기도 했다.

그의 이번 책은 그러한 시절에 대한 중간 결산쯤이 될 것이다. 말이며 글은 본시 간사하다고 하지만 독자들은 금방 알아챌 것이다. 순수한 영혼으로 무욕無慾의 한길을 걸어 온 사람만이 낼 수 있는 목소리들이다. 그의 얘기를 듣노라면 어릴 적 고향 마을에 피어오르던 저녁밥 짓는 연기가 아련해진다. 다시 한 번 그의 책 출간을 축하한다.

추천사

이런 남 기자, 나는 좋다!

대구고등법원 수석부장판사 **이기광**

　유난했던 올 여름 더위도 때를 거스르지 못하고 한풀 꺾이나 봅니다. 맑고 푸른 하늘이 가을을 꿈꾸게 하고 아침, 저녁으로 불어오는 시원한 바람이 가을의 상념에 젖게 합니다. 저에게는 가을하늘처럼 맑고 푸르며 가을바람처럼 시원한 친구가 있습니다. 때를 맞추어 그 친구, 남달구 기자가 가슴으로 현장을 누빈 30년의 기자생활을 한 권의 책으로 정리하였습니다. 이 책과 함께 상념과 사색에 젖어 올 가을을 보내면서 지나온 나의 발자취를 돌이켜보고 앞으로 걸어가야 할 길을 가늠해 보는 것은 참으로 의미 있고 즐거운 일이 될 것 같습니다.

　우리가 삶을 살아감에 있어 다른 사람이 걸어온 삶의 역정歷程을 살펴보는 것은 참으로 유익한 일이라 할 것입니다. 그 사람이 가까이 지내던 사람이면 더욱 그렇겠지요. 이 책은 기자들은 물론, 삶을 성실하고 의미 있게 살기 위해서 고뇌하고 노력하는 사람에게 좋은 길잡이가 될 것입니다. 내 친구 남 기자가 가식 없이 솔직하게 자신의 삶의 궤적軌跡을 보여 주어서 참으로 감사합니다. 그리고 뜻깊은 출간을 진심으로 축하합니다.

내 친구 남달구 기자 하면, 떠오르는 5개의 단어가 있습니다. 하심(下心, 겸손), 순수純粹, 배려配慮, 인연因緣, 참회懺悔가 그것입니다.

남 기자는 어떤 사람도 자기 아래 자리에 두지 않습니다. 항상 자신을 낮출 줄 압니다. 방송기자답지 않게 여린 목소리로 느리고 조심스럽게 말하는 모습을 보면 겸손이 체화되었다는 느낌을 받게 됩니다. 그래서 그의 주위에는 여러 부류의 사람들이 모여듭니다. 한마디로 널리 사람들의 마음을 얻고 있는 것이지요. 이는 하심을 실천한 결과가 아니겠습니까?

남 기자의 실없는 듯한 미소를 보면 누구나 금방 그의 순수한 성품을 알아 볼 수 있습니다. 개인적인 욕심을 채우거나 자신의 입장을 내세우기 위해서 거짓을 범하지 않습니다. 오죽했으면 스스로 남을 속이기보다는 내가 속는 사람이 되고 싶다고 하겠습니까? 남 기자는 허명虛名을 탐하기보다는 오직 순수한 기자 정신으로 무장하여 30년간 취재현장을 누볐습니다. 실로 경이로운 일이 아닐 수 없습니다. 순수, 이것은 아무런 사심 없이 불편부당하게 오로지 진실만을 알려야 하는 기자의 기본 덕목德目이겠지요. 그래서 남 기자가

추천사

전하는 기사는 남다른 신뢰信賴와 잔잔한 여운餘韻을 남깁니다.

누구나 알고 있듯이 기자는 사실을 알리고 특종을 보도하려는 욕망이 강합니다. 특종기사는 대체로 우리 사회의 어두운 면을 파헤치는 경우가 많습니다. 그래서 본의 아니게 취재 대상의 마음을 다치게도 합니다. 이런 연유로 기자하면 먼저 '차갑다' '무례하다' '뭔가 조심스럽다'는 생각을 하게 됩니다. 그런데 남 기자는 여느 기자와 달리 사실을 전하기에 앞서 인간애, 인간의 도리를 챙겨 보고 그에 어긋나면 아무리 엄청난 특종기사라 하더라도 과감히 보도를 포기하였습니다. 되도록 미담기사를 많이 취재하고 보도하려고 애썼습니다. 진실을 쫓아가되 늘 보도에 앞서 취재 상대방의 입장에서 생각해 보았다고 합니다. 남 기자가 전하는 기사는 이와 같이 인간에 대한 따뜻한 배려를 바탕으로 하고 있기 때문에 미담기사든, 고발기사든 폭넓은 공감대를 형성하고 진한 인간미를 느끼게 합니다.

남 기자는 원근遠近의 인연을 소중히 여깁니다. 그 인연의 상대방이 취재 대상자인지, 기사를 시청하는 시청자인지 묻지 않고 그들에게 상처를 주지 않고 용기와 희망, 그리고 위로를 주려고 애썼습니다. 그래서 「올빼미에게는 눈물샘이 없다」는 글에서 소개된 일화

逸話와 같은 해프닝이 벌어지기도 했습니다. 남 기자는 절대 있어서는 안 될 가슴 아픈 보도였다고 고백했지만 당시 그 기사는 IMF로 인하여 심신이 지칠 대로 지친 시청자들에게 깊은 감동과 인간애 그리고 따뜻한 위로를 주었습니다.

남 기자는 지난 행적을 끊임없이 반추하고 늘 자신이 부족하다고 참회합니다. 그래서 절대자가 정하여 준 '참 나'를 찾기 위해서 쉼 없이 구도의 길을 걸어가고 있습니다. 불기자심不欺自心, 무심無心·무욕無慾, 자리행自利行, 이타행利他行, 명상瞑想 등의 실천을 통하여 '참 나'를 찾기 위해서 무한 고뇌를 하고 있습니다. 그래서 남 기자의 기사에는 깊이가 있고, 여유가 있습니다.

이런 남 기자! 나는 그래서 좋습니다.

2013년 9월 1일

CONTENTS

프롤로그   4
추천사   8

Chapter 1   SBS 남달구입니다
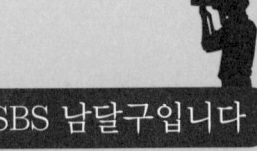

01 SBS 남달구입니다   24
02 고추 파동 - 그 뜨거운 여름   29
03 주목, 천년의 비애   33
04 와이어리스의 진실   37
05 올빼미에게는 눈물샘이 없다   43
06 삼밭에서 자라는 쑥대는 붙들지 않아도 곧게 자란다   48
07 삶은 우연인가, 필연인가?   53
08 나의 북한 방문기   57
09 비운의 부엉이 바위   79
10 동여비고動輿備攷 - 다시 쓰는 고대사   84
11 세종대왕 친필 - 어사희우정   88
12 잃어버린 국보 - 남명천화상송증도가   93
13 한국현대사 증언 - 코리아게이트 박동선   97
14 한국현대사 증언 - 박동진 전 외무부 장관   102
15 한국현대사 증언 - 이만섭 국회의장   105
16 한국현대사 증언 - 권노갑 전 민주당 고문   108
17 한국현대사 증언 - 한승헌 전 감사원장   111
18 아, 장태완 장군님!   115

Chapter 2 나는 이런 사람이고 싶다

01 커피와 할머니 120
02 차라리 동네 개에게 하소연하는 게 낫겠다 123
03 진심은 심장을 관통한다 127
04 입이 하나인 것은 바른말을 하라는 것이다 131
05 인연은 도시락을 싸들고 따라다닌다 135
06 아버지의 편지 139
07 어느 크리스마스 이브의 단상 143
08 해학과 기지가 넘치는 가훈 146
09 유년의 추억 150
10 그리운 이들에게 153
11 사랑하는 딸에게 156
12 미리 써 보는 유언 165
13 날이 추워야 송백이 늦게 시든 줄 안다 168
14 나를 우편으로 부쳐주오 172
15 나는 이런 사람이고 싶다 176
16 그리움의 향기 178
17 잊지 못할 인연 - 희성 큰 스님 181
18 향기는 세월과 거리를 뛰어 넘는다 185

Chapter 3 그대, 내생을 알고 싶다면 지금을 보라

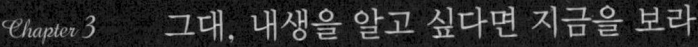

01	투이바이 추장의 외침	190
02	지하철 신 풍속도	195
03	장수長壽의 역설, 신 고려장高麗葬 시대	198
04	작은 벌레 한 마리가 배추 한 통을 썩게 만든다	203
05	욕망의 끝은 파멸이다	207
06	빈 의자	211
07	양심이 없는 민족은 희망이 없다	214
08	가슴 아픈 민족의 혼 광개토대왕릉	218
09	고슴도치도 제 살붙이가 있다	224
10	그대, 내생을 알고 싶다면 지금을 보라	228
11	모험심이 있기에 인간은 동물보다 위대하다	232
12	나는 그냥 나이고 싶다	235

Chapter 4 흔들리지 않고 나아가는 배는 없다

- 01 가슴으로 생각하라 — 240
- 02 경배해야 할 6가지 방향의 진실 — 244
- 03 고독이라는 나무는 고요의 땅에서 자란다 — 247
- 04 불이不二, 둘이면서 하나입니다 — 251
- 05 흔들리지 않고 나아가는 배는 없다 — 254
- 06 혀를 통제하는 사람은 화를 면한다 — 257
- 07 행복이란 아무것도 필요하지 않은 것이다 — 260
- 08 참 나는 존재의 본성이다 — 264
- 09 이타적 유전자 — 268
- 10 육신은 살아있는 보탑이다 — 271
- 11 용서는 사랑보다 어렵다 — 275
- 12 시기猜忌는 영광이라는 수입에 부과되는 세금이다 — 278
- 13 봄바람이 심하게 부는 것은 자연의 섭리이다 — 282
- 14 바다는 파도에 젖지 않는다 — 285
- 15 모욕은 자신을 담금질하는 풀무이다 — 288
- 16 멈춰야 할 때 멈추는 것이 진정한 용기이다 — 291
- 17 그대의 어리석음으로 남을 재량하지 마라 — 294

에필로그   298

SBS 남달구입니다

 # SBS 남달구입니다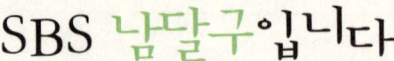

한때 제 얼굴은 몰라도 이름을 들으면 웬만한 사람들이 다 "아~ 그 사람."이라며 기억하던 때가 있습니다.

"아! 'SBS 남달구입니다' 하는 그 기자 말이군요. 이름 많이 들었습니다." "그 기자 기사가 참 재미있었지요. 특히 향수를 자아내는 특이한 뉴스를 많이 쓰시더군요." 하며 분에 넘치는 칭찬을 들었습니다. 아마도 제 이름이 약간 특이해서가 아닐까 생각합니다.

그래서인지 드라마나 연극의 주인공 이름이 남달구였던 적도 있고, 개그맨 남희석이 멘트를 하고 난 뒤 마지막에 "SBS 남달구였습니다." 하고 흉내를 내기도 했습니다. 최양락, 배철수 씨가 진행하는 MBC 라디오 프로그램에서도 배철수 씨가 "아! 남달구 기자를 연결해 알아보겠습니다." 하면 최양락 씨가 "아니지요, 남달구 기자는 SBS 기자니까 ○○기자를 연결해야지요." 하며 이름이 오르내린 적도 있었습니다.

한번은 교육청에 근무하는 장학사 친구가 "너 때문에 아이들 교육이 안 된다."는 얘기를 했습니다. 무슨 소리냐고 하니 아이들이 친구의 머리에 꿀밤을 주고는 맞은 친구가 놀라서 뒤돌아보면 "SBS 남달구였습니다." 하고 장난을 친다는 것입니다.

이렇게 죽 말하자니 제 자랑이 좀 심한 것 같습니다. 그래도 내친김에 한 가지 일화를 더 소개합니다. 친구와 어느 술집에 들렀을 때입니다. 때마침 방송에 제가 취재한 기사가 나오자 술집 주인이 "남달구 기자 참 이름도 특이하고 음성도 특이해서 좋다."라는 것입니다. 친구가 장난기가 발동해서 그 기자 여기 술집에 데리고 오면 어떻게 하겠느냐 하니까, 그러면 술값을 전부 공짜로 해주겠다 하시더군요. 그래서 바로 이 친구가 남달구라고 하자 깜짝 놀라서 한바탕 웃은 적도 있습니다.

얼굴과 이름이 널리 알려진 만큼 행동의 제약도 적지 않았습니다. 술집에 앉아서 친구와 모처럼 이런저런 얘기를 나누며 떠들고 있는데 갑자기 옆에 있던 손님이 "혹시 남달구 기자 아닙니까? 맞지요?" 하며 물어오는 통에 난감했던 적이 한두 번이 아니었습니다. 후배 기자들이 "남달구 선배를 보고 기자가 되고 싶었다."고 했을 때 참 가슴이 뿌듯하면서도 부끄럽다는 생각이 들기도 했고, 회사 여론조사에서 3년 연속 인지도 1위의 기자에 선정되기도 했습니다.

솔직히 저는 외국의 방송 기자가 가장 부러웠습니다. 머리가 하얗게 새어 연륜이 묻어나는데다 자유로운 복장으로 현장 리포트를 하는 모습에 한층 신뢰가 가기 때문입니다. 그래서 저도 가능하다면 현장에서 뛰는 기자, 임기 마지막 날에 들판에 서서 "SBS 남달구였습니다."라고 말하며 마이크를 내려놓고 집으로 향하는 그런 기자를 꿈꾸었습니다.

그런데 우리의 방송문화는 전혀 그렇지 못합니다. 기자 10년 차를 지나 한창 취재력과 판단력이 물오를 연차가 되면 어김없이 내근 데스크에 박힙니다. 조로 현상이 심해도 이만저만이 아닙니다. 심지어 취재 기자는 얼굴에 화장까지 하고선 마치 기생오라비 같은 모습으로 취재를 합니다. 연륜이 묻어나는 외국의 방송문화와 비교했을 때 뉴스의 신뢰성이 그만큼 떨어진다는 얘깁니다. 물론 나만의 생각이자 욕심일지도 모르겠습니다.

여하튼 기자 생활 30년 차가 가까워질 무렵 마지막까지 현장에서 뛰는 기자가 되고 싶다는 바람은 그야말로 타의에 의해 그만 접어야 했습니다. 30여 년의 기자생활에 종지부를 찍어야 한다는 절박감에 정말 가슴이 미어져왔습니다. 극한 선택의 순간이 떠올려지기도 했습니다. 아무리 생각해봐도 억울한 심정이지만 어디 변명할 곳도, 항변할 의욕조차도 없었습니다. 다행히 세월이 약이었습니다. 지금은 평온을 되찾았지만 가끔씩 그 생각이 떠오를 때면 다시 울분이 치솟곤 합니다.

후배 기자들에게 그래도 선배 기자로서 몇 가지 당부의 말을 하고 싶습니다. 우선 기자이기 이전에 먼저 인간이 되라는 것입니다. 인간이 되라는 말은 풍부한 인격을 겸비한 기자가 되라는 뜻입니다. 취재와 보도를 위해 사건의 진실만을 좇는 것이 능사가 아니라 취재 대상의 입장에서 다시금 생각해 볼 줄 아는 마음을 가져야 합니다. 남의 아픔을 보듬어 기사화할 줄 아는 기자 말입니다.

다음은 자신만의 전문성을 길러야 합니다. 이 분야에서만큼은 타의 추종을 불허하는 기자가 되겠다는 목표를 분명히 해야 합니다. 회사 특성상 기자 초년에는 여러 부서를 돌아가며 근무하게 됩니다. 이때 자신의 적성에 맞는 분야를 선택해 끊임없이 자신을 갈고 닦아야 합니다. 세상에 입에 맞는 떡만 있는 것은 아닙니다. 부서 배치를 받다 보면 대다수의 기자들이 정치부나 사회부에 근무하면 보람 있어 하고, 문화부나 다른 부서에 배치 받으면 불평을 터뜨리곤 합니다. 어느 부서의 어떤 일에 배치를 받건 그 분야에서 묵묵히 최선을 다하는 자세를 가져야 합니다. 불평과 불만은 자기 파멸의 지름길입니다. 절대 불평불만을 드러내지 말 것을 당부 드립니다.

마지막으로 자리를 탐하는 기자가 되지 말라는 것입니다. 차장이다 부장이다 국장이다 하는 자리를 탐하는 순간, 이미 그 사람은 행정가이지 기자가 아니라고 생각합니다. 기자는 그냥 기자면 충분한 것입니다.

힘이 닿는 한 마지막까지 현장을 오래 지키는 기자가 진짜 기자

중의 기자라고 생각합니다. 한 줄의 문장에도 진실과 인간미와 촌철살인의 기개가 번뜩이는 그런 기자가 되길 바랍니다. 제가 못했기에 드리는 말씀입니다.

고추 파동
- 그 뜨거운 여름

　1980년대 말 농촌은 농작물 파동으로 한바탕 몸살을 앓았습니다. 경북 안동과 영양, 청송, 의성 지방은 우리나라 고추의 주산지입니다. 당시 고추 판매 가격은 비료 값과 농자재 값을 제했을 때 600g 한 근에 최소 1,300원은 되어야 겨우 수지타산이 맞았습니다. 그런데 한 근에 1,600~1,700원 하던 고추 값이 600원대로 폭락했습니다. 농민들은 연일 고추 값 보장을 외치며 과격한 시위를 벌였습니다. 특히 가톨릭 농민회 회원을 중심으로 고추 화형식에 도로 점거 사태까지 벌이며 시위가 무척 거세었습니다.
　그때는 서슬 퍼렇던 제5공화국이 막 출범한 시기로 정권의 핵실세가 버티고 있는 안동만은 다른 지역과 달리 몰래 특혜가 내려졌습니다. 고추 값을 농민들로부터 1,300원 선에 매입하라며 농협을 통해 이른바 특혜 구매자금이 내려온 것입니다.

이때 농협의 한 직원에게서 제보 전화가 걸려왔습니다. 농협에서 농민들로부터 고추를 구매하지 않고 농협이 이미 확보해 놓았던 고추를 대납하고 있다는 것입니다. 만일 이 말이 사실이라면 가뜩이나 격앙된 민심에 기름을 붓는 꼴로 정말 폭동이 일어날지도 모를 상황이었습니다.

그런데 취재를 해보니 정말 사실이었습니다. 농협은 당시 자체적으로 경영수익사업을 하고 있었습니다. 고추 값이 오를 것에 대비해 미리 고추를 매입해 비축하고선 값이 폭락하자 사두었던 고추들을 대납했습니다. 농민들에게 산 것처럼 도장을 위조했던 것입니다.

취재를 끝내고 다음날 보도를 앞두고 있는데 서울에 있는 친구로부터 다급한 전화가 걸려왔습니다. 지금 당장 내려가겠으니 좀 만나자는 것입니다. 알고 보니 취재 대상이었던 농협의 장이 바로 친구의 아버지였습니다.

아! 정말 이러지도 저러지도 못할 난처한 입장이었습니다. 정말 인간적인 측면에서는 못할 짓이었고, 그냥 넘어가기에는 너무도 큰 사건이었습니다. 이미 데스크에는 보고를 해놓았고, 잔뜩 기대가 부풀어있던 터였습니다. 당시 기자 초년병이던 저는 결국 친구의 우정을 택하고 말았습니다. 대신 친구의 아버님에게 농민들이 조금도 피해를 입지 않도록 하겠다는 약속을 받았습니다. 데스크에는 아직 취재가 부족하다고 둘러댔습니다.

생각해 보면 참 아이러니한 일입니다. 지금 와 돌이켜 보건대 양심에 가책을 느낀다거나, 그 친구가 원망스럽다거나 하는 감정은 조금도 없습니다. 우정이 소중해서가 아닙니다. 제게는 기자생활을 하면서 몇 가지 원칙이 있었습니다.

첫째, 절대 남의 눈에 피 흘리게 하는 인간은 용서하면 안 된다.

둘째, 농민을 기만하고 속이는 일은 지구 끝까지 쫓아가서라도 반드시 사실을 밝혀 응분의 대가를 치르게 해야 한다.

셋째, 자신의 잘못을 솔직하게 시인하고 용서를 구할 줄 아는 사람에게는 사건의 전후 맥락을 살펴가며 처리한다.

이 원칙을 잘 지켰느냐고 묻는다면 나는 솔직히 비교적 충실하게 지키려고 노력했다고 할 수 있습니다.

기자란 불편부당 不偏不黨 이요, 파사현정 破邪顯正 이요, 춘추필법 春秋筆法 이요 하며 원론적인 가치의 잣대를 들이댄다면 세 번째 원칙의 경우 어쩌면 자기변명을 위한 원칙일지도 모릅니다.

하지만 저는 말하고 싶습니다. 기자이기 이전에 먼저 인간부터 되라고! 사건을 미끼로 청탁받고 적당하게 협잡하는 인간이 되라는 얘기가 아닙니다. 보도가 능사는 아니니 적어도 상대의 아픔과 사건의 전후 맥락을 뒤집어 생각하고 살필 줄 아는 인간, 때로는 죄인일지라도 끌어안고 아픔의 눈물도 흘릴 줄 아는 인간미 있는 기자가 되라는 뜻입니다. 그런 인간미가 없는 기자의 글과 보도는 울림이 없다는 생각입니다.

독불장군에 천하에 깨끗한 놈처럼 떠들어도 스쳐 지나가는 일회

성의 사건에 공허한 메아리만 남길 뿐입니다. 보도의 가치는 자기의 양심을 지킬 줄 아는 데 있습니다. 스스로 부끄럽지 않은 데 있습니다. 흔히들 말합니다. 하늘이 알고, 땅이 알고, 너와 내가 안다고. 하지만 한 가지 더 '고귀한 감시자'가 있습니다. 바로 그 사건 자체가 진실을 분명히 알고 있다는 것입니다.

만약에 지금이라면 친구에게 양해를 구하고 난 뒤 분명 보도를 했을까? 나는 지금도 단호하게 "노."라고 말할 수 있습니다. 내 양심에 비춰서 부끄럽지 않은 처신을 했기 때문입니다.

주목, 천년의 비애

　주목은 구상나무나 전나무처럼 늘 푸른 상록수입니다. 우리나라에서는 주로 강원도 태백산 일대 해발 1,000m가 넘는 정상 부근에 자생하고 있습니다. 흔히 '살아 천 년, 죽어 천 년'이라 일컫듯이 주목은 예로부터 나무의 제왕으로 불려왔습니다.

　태백산 정상 부근의 모진 풍상을 인내하며 천년의 세월을 버텨온 주목의 모습을 보면 감탄을 금할 수 없습니다. 특히 겨울에 눈을 이고 있는 늙은 거목의 모습은 비장함과 신비감마저 느껴집니다.

　나무가 붉은 색을 띠고 있어 주목이라 불렸다고 합니다. 일본에서는 이 나무로 통치자의 장식을 만들어 '이찌이' 즉 1위라는 이름이 붙었다고 합니다. 주목의 껍질과 잎에는 알칼로이드(alkaloid=질소를 함유하는 염기성 유기화합물) 계통의 독성물질이 있어 통경이나 당뇨병

등의 치료에 주재료로 쓰입니다. 미국 국립암연구소가 개발한 항암치료제 '택솔'도 주목에서 추출한 원료로 만든다고 합니다. 셰익스피어의 『햄릿』에서도 햄릿의 동생 구로데이스가 잠든 왕의 귀에 주목 씨앗에서 얻은 독약을 넣어 죽이는 장면이 나옵니다.

우리나라 산림청은 주목을 천연기념물로 지정하고, 나무마다 번호를 붙인 호적대장을 작성해 관리하고 있습니다. 그래서 '호적나무'라고도 불립니다. 그만큼 귀하다 보니 이 나무로 만든 탁자와 장식장은 부르는 게 값일 정도로 호사가들의 애장품이 되어왔습니다. 하지만 지금은 천연기념물이다 보니 죽은 가지 하나 들고 나와도 처벌을 받습니다. 혹여 처분을 해야 할 때는 산림청의 공개 입찰을 거쳐야 하고, 유통 시에는 반드시 주목으로 만든 작품마다 출처 증명서가 있어야 합니다.

그런데 이 나무가 몰래 남획되고 있다는 제보를 받고 취재에 들어갔습니다. 제보자의 안내에 따라 산 정상 남벌 현장에 이르니 서너 사람이 감싸 안아야 할 정도의 아름드리 주목이 밑둥치가 싹둑 잘린 채 쓰러져 있었습니다. 이미 고목 등걸은 사라지고 밑둥치 부분만 남아있는 나무도 여러 그루였습니다. 눈 덮인 한 주목은 잘린 지 얼마 되지 않은 듯 뿌리 주변에 생 톱밥의 온기가 고스란히 남아 있었습니다.

남벌의 경위는 이랬습니다. 호적 넘버링을 붙여 놓았다지만 아주 험한 지역에는 관리 대상에서 빠진 주목들이 많이 있었습니다. 한 나무 당 4~5명이 한 조를 이뤄 미리 벨 나무를 정합니다. 소음을 피하기 위해 비가 오거나 천둥치는 밤에 전기톱을 이용해 나무를 쓰러뜨립니다. 밑둥치의 뿌리 부분은 밑돌림해 놓습니다. 그리고는 일정기간 건조한 뒤 적당한 날을 택해 밤에 몰래 끌고 내려와 이를 삶고 건조하고 또 삶고 건조하는 과정을 여러 차례 반복한 뒤 작품을 만들어서 파는 것입니다.

주목으로 만든 바둑판 하나만 해도 수백만 원에 거래됩니다. 뿌리 부분은 거실이나 사무실 탁자로 가공해서 고가에 판매합니다. 요즈음으로 치면 탁자 하나가 수천만 원 돈입니다.

그 돈을 서로 나눠 쓰다가 돈이 떨어지면 또다시 같은 행위를 반복하는 것입니다. 수명이 수백 년이나 된 아름드리나무를 그 험한 정상에서 어떻게 끌고 내려오는지 도무지 상상이 가질 않았습니다. 그러나 돈이라는 인간의 욕망 앞에 그런 건 아무런 일도 아니었습니다. 이미 숙달된 터라 등걸 밑에다 잘 미끄러지는 것을 깔고 적당한 지점까지 끌고 내려와서 차에 싣고 옮기는 것은 식은 죽 먹기였습니다.

무엇보다 관리가 허술한 점도 한몫을 하고 있었습니다. 전국으로 방송이 나간 이후 수사가 진행되면서 태백과 정선 일대는 한바탕 난리가 났습니다. 뒷북 소동이었습니다. 그 현장을 목격하고 취재를 하는 동안 못내 마음이 아팠습니다.

천년의 세월과 위용도 인간의 추악한 욕망 앞에서는 하찮은 존재였습니다. 허리를 잘린 채 드러난 밑둥치는 억울하게 객사한 시신의 해쓱한 얼굴처럼 처량하게 느껴졌습니다. '얼마나 아팠을까? 또 얼마나

억울했을까?'

　문제는 천연기념물을 마구 남벌하는 그 인간들이야 말해 무엇할까마는 이를 부채질하는 원매자가 있다는 것입니다. 한 손바닥으로는 소리가 날 리 없듯이 허세부리기를 좋아하는 졸부들이나 권세가들이 있어 수요와 공급이 맞아 떨어지기 때문에 이런 일이 일어나는 것입니다.

　유통증명서도 사실상 형식에 불과합니다. 주목 한 그루당 하나의 유통증명서가 발행되니 여러 작품을 만들 경우에는 원본을 복사해서 쓰게 됩니다. 그러다 보니 수백 장을 복사해서 써도 단속이 불가능한 실정입니다. 물론 가짜 유통증명서이지만 사는 사람 역시 이를 믿고 샀다고 하면 그만입니다.

　비뚤어진 인간의 욕망과 허세, 허술하기 짝이 없는 관리와 법망이 천년의 허리를 자르는 주범입니다. 법과 제도의 정비가 시급하다는 생각이 드는 취재였습니다.

와이어리스의 진실

부끄러운 고백을 하려고 합니다.

1998년 7월 31일과 8월 1일. 전남 구례와 경남 산청, 함안군 일대의 지리산 계곡에는 극히 짧은 시간에 100mm가 넘는 집중호우가 쏟아졌습니다. 갑자기 불어난 계곡물에 한밤중 야영 중이던 등산객 100여 명이 숨지거나 실종되는 대 참사가 발생했습니다. 자동 우량 경보시스템이 작동하지 않아 일어난 인재人災였습니다.

당시 동료기자 10여 명과 함께 현장에 투입됐습니다. 급류에 휩쓸려 파묻힌 시신을 놓고 언론사마다 특종 아닌 특종 경쟁에 밤낮 없이 신경을 곤두세워야 했습니다. 하루가 멀다 하고 사망자 수가 급속도로 늘어나고 있었기 때문입니다.

그러던 중 당시로는 사상 유례가 없는 폭우로 낙동강이 범람할

위기에 처했습니다. 물길을 따라 남으로 내려가면서 계속 수해 현장을 취재해야 했습니다. 경남 물금과 삼랑진을 지나 어느덧 낙동강 하구까지 다다랐습니다. 무려 2주가 넘는 기간 동안 옷도 갈아입지 못하고 제대로 씻지도 못한 상태였습니다. 몸과 마음이 지칠 대로 지쳐있었습니다. 서울에서 내려온 지원팀들은 한 2~3일 머물다 이내 교대를 해서 올라갔기에 그나마 나은 편이었습니다.

그런 와중에 때마침 울산 현대자동차 파업사태가 발생했습니다. 노사가 최장기간 대치하면서 공권력 강제 투입이라는 초긴장 상태에 있었습니다. 당시 데스크에는 일 욕심 많기로 지독한 허 모 선배가 있었습니다. 떡 본 김에 제사 지낸다고 이왕지사 고생하는 김에 현대자동차 파업사태까지 취재하라는 것이었습니다. 당시 전국에서 언론사라는 언론사는 다 내려와서 2백여 명의 기자가 파업현장 한쪽에 마련된 기자실에 진을 치며 취재열을 올렸습니다.

공권력 투입이 초읽기에 들어가 오늘내일하는 상황이었습니다. 강성인 현대자동차 노조의 언론에 대한 불신은 최고조에 달해 신경이 극도로 날카로워진 상태였습니다. 논조가 노조 편이 아닌 회사 측을 두둔한다는 불신이 팽배해 있었습니다. 이런 상황이라 저녁 메인 뉴스 톱으로 SBS 8 뉴스와 MBC, KBS 9시 뉴스가 방송될 때마다 드넓은 광장에 텐트를 치고 불을 밝힌 파업현장은 한바탕 술렁거리며 노조 행동대원들이 몰려와 기자들을 상대로 험악한 분위기를 연출하곤 했습니다.

그나마 SBS는 현대노조로부터 가장 객관적인 입장에서 보도를 한다며 신뢰를 받고 있었습니다. 노조는 물론 타 언론사도 SBS는 어떤 비선라인이 있는 것 같다며 의심의 눈초리를 보내고 있었습니다. 사실 거기엔 같이 취재를 한 부산 송 기자의 인맥이 한몫 했습니다. 저 역시 당시 울산지검 현대자동차 담당 검사가 고교동창이어서 정확한 정보를 알 수가 있었습니다.

당시 취재 팀장이던 저는 정말 지칠 대로 지쳐있었고, 노사 협상도 진전이 없이 제자리만 맴돌았습니다. 그러던 차에 국회에서 협상 중재단이 내려온다는 소식이 전해졌습니다. 당시 노무현 의원을 단장으로 노사 양측이 원만한 합의를 할 때까지 중재를 한다는 것입니다. 이왕 고생한 김에 특종 욕심이 생겼습니다. 점심시간에 송 기자와 상의를 했습니다.

"송 기자! 국회 협상 중재단이 내려와 중재를 한다는데 회의장 안에 무선 마이크를 두고 나오면 우리가 협상과정과 중재 내용을 한발 앞서 정확하게 알 수 있잖아. 어떻게 생각해?"

"선배, 그거 굉장히 위험해요. 안 하는 게 좋을 것 같습니다."

"아니야. 송 기자는 그냥 알고만 있어. 잘못되면 내가 책임질게."

그리고 나서 카메라 기자와 건물 2층에 마련된 협상 장소로 올라가 고심 끝에 사무실 한쪽 끝에 있는 커다란 스피커 통 속에 무선 마이크를 넣어두고 나왔습니다.

드디어 협상이 시작되고, 약간은 두렵고 흥분된 상태에서 건물 밖 외진 곳에서 마이크와 주파수를 맞추기 시작했습니다. 그런데 협상하는 소리는 전혀 들리지 않고 '삐이' 하는 이상한 소리만 계속 났습니다. '실패구나.' 하고 초조하게 기다리던 차에 아니나 다를까 난리가 났습니다. 활활 타오르는 불에 기름을 끼얹은 격이 되고 말았습니다.

사정인즉 회의를 시작하려 마이크를 켰는데 계속 '삐이' 하는 이상한 음만 나자 노사와 협상 중재단이 이상하다며 현장 마이크 회선 점검에 들어간 것입니다. 한참 뒤에 스피커 뒤에서 빛이 깜박거리는 손바닥만 한 크기의 까만 물체를 발견하고는 "이거 도청장치다." "누가 설치했느냐."라며 협상은커녕 난리가 났습니다.

한바탕 소동 끝에 방송국의 무선 마이크로 밝혀지고, 방송 3사중 어느 언론사가 그랬는지를 밝혀야 했습니다. 모든 언론사 특히 신문 기자들의 질책과 욕설이 난무하고 분위기는 최악의 상황이었지만 절대 SBS라고 밝힐 수 없었습니다. 밝혀진다면 모든 것이 끝장나는 절체절명의 순간이었습니다. 대충 모두가 SBS일 거라고 눈치 채는 분위기였지만, 그렇다고 확증이 없는 상황이라 단정 지을 수 없었습니다. 그도 그럴 것이 당시는 무선 마이크가 갓 도입된 시기여서 방송 3사가 같은 제품을 사용하였고 회사 로고를 붙이지 않았기 때문에 우리 것이 아니라고 버틸 여지가 있었습니다.

송 기자는 "선배! 우리 그만 고백합시다."라며 안절부절 못했습니다. 저 역시 눈앞이 캄캄하고 그러고 싶은 마음이 수백 번 오갔지만 마음을 다잡을 수밖에 없었습니다. 송 기자에게 "내가 사표를 쓸 테니 너는 걱정 마! 사실 너는 아무것도 모르잖아. 그러니 침착하게 평소처럼 취재나 해." 하고 안심시켰습니다.

그날 저녁 데스크에 자초지종을 보고했습니다. 그리고 마지막으로 모든 것을 책임지고 제가 사표를 쓰겠다고 했습니다. 아닌 말로 펄펄 뛰며 난리가 날 줄 알았습니다. 그런데 허 선배는 오히려 "너무 걱정하지 마라. 책임져도 내가 진다. 그까짓 와이어리스 하나 날려버리면 돼. 절대 SBS라고 밝히면 안 돼! 걱정 말고 취재나 잘해!" 하는 것입니다. 아! 갑자기 왈칵 눈물이 쏟아져 정말 서럽게 울었습니다. 긴장했던 감정의 봇물이 터져 나왔습니다. 그러자 새삼 버틸 용기가 생겼습니다.

다행히도 와이어리스 파동이 잠잠해 진 것은 노무현 국회의원 덕분이었습니다. 노사 현장 전문가답게 "무선 마이크는 언론사의 속성상 특종에 욕심이 앞서다 보니 무리수를 둔 것 같은데 도청 공작은 아니지 않은가? 서로 원만한 협상과 타협이 우선이니 협상부터 하고, 이 일은 추후에 언론사를 상대로 문제를 제기하자."라며 회의장의 격앙된 분위기를 누그러뜨렸다는 것입니다. 그래서 폭풍전야의 회오리바람은 한발 비껴가고 노사 협상도 곧바로 타결되어서 무사하게 넘어갔습니다.

당시 노조가 가져간 무선 마이크를 후에 모 방송사에서 가져갔다는 소식을 송 기자에게 전해 들었습니다. 당시 20년 가까운 기자 생활 중 가장 후회스럽고 뼈아픈 교훈을 얻었습니다. 가장 괴롭고도 긴 시간이었습니다. '말이 아닌 것은 듣지를 말고, 길이 아닌 곳은 가지를 말자! 절대 스스로의 양심을 속이지 말자'는 것이 평생의 좌우명이 되었습니다.

그리고 허 선배의 독종 같은 취재 지시 이면에 감춰진 후배를 아끼고 배려하는 깊은 정과 인간미에 다시 한 번 고개를 숙여 인사드리고 싶습니다. 자신의 잘못도 후배에게 떠넘기는 약삭빠른 처세의 못난 인간 군상들을 보면 더욱 그렇습니다. 후배를 배려하고 사랑하라!

올빼미에게는 눈물샘이 없다

가슴에 묻어둔 부끄러운 이야기를 하나 더 고백하려 합니다. 어쩌면 가장 뻔뻔스러운 변명이기도 합니다. 어떤 질책과 비난도 달게 받겠다는 각오로 지난 과오를 털어 놓습니다.

1999년 어느 여름. 대구 달성군 비슬산 기슭에는 5형제가 모두 결혼을 하고서도 노모를 모시면서 함께 살아가는 보기 드문 대가족이 있었습니다. 그야말로 요즈음 핵가족 시대에는 찾아볼 수 없는 가족이기에 그 사연을 취재해서 보도한 적이 있었습니다. 그 인연으로 어느 날 입담이 구수하던 5형제의 막내로부터 연락이 왔습니다.

날개를 다쳐서 날지 못하는 암컷 올빼미 한 마리를 발견해서 보호하고 있다고 했습니다. 그런데 해가 지기만 하면 수놈이 식당 부근 나무에 날아와서 새벽까지 울다가 간다는 것입니다. 자신이 생각하건데 비록 말 못하는 짐승이지만 부부애가 지극한 나머지 그리워서 그러는 것 아니겠느냐고 멋들어진 해설까지 덧붙였습니다.

아하, 맞다! 정말 그렇다면 멋진 뉴스가 아닌가! IMF라는 시련 앞에 잘났다는 인간도 자식을 버리고 이혼을 밥 먹듯이 하는 각박한 세상에 정말 멋진 귀감이 아닌가! 사연도 애절하고!

그래서 취재가 시작됐습니다. 그 현장을 포착하려면 며칠간 잠복해야 하기 때문에 데스크에 보고를 하니 멋진 아이템이라며 취재를 독려해 주었습니다. 모처럼의 망중한을 즐기며 야간 경계를 서고 있었습니다. 그런데 금방이라도 포착할 것 같았던 기대와는 달리 수놈 올빼미의 소식은 감감 무소식이었습니다. 가까이 날아들기는커녕 울음소리 하나 들리지 않았습니다.

겨우 이틀이 지날 무렵 성격이 급하고 다혈질인 다이너마이트 황 부장의 전화가 왔습니다. "야! 남달구. 어떻게 돼 가는 거야? 내일 저녁 뉴스로 꼭지를 잡아 놓을 테니 잘해봐!" 그러고는 미처 설명할 겨를도 없이 전화가 뚝, 끊어졌습니다. 그리고 조금 있다가 다시 전화가 와서 "야! 조금 전 회의가 끝났는데, 송 국장이 오래전 신참 기자 시절에 이와 비슷한 취재를 한 적이 있는데 대 히트를 쳤다며 한 달이 걸리더라도 꼭 취재를 해오라더라."는 지시를 전하며 압박했습니다.

고심하던 끝에 수놈이 경계심 때문에 그럴 수도 있으니 암놈을 민가와 다소 멀리 떨어진 곳에 두면 날아들 가능성이 있다는 의견이 나왔습니다. 그래서 시작한 것이 철조망 공사였습니다. 5형제의 힘을 빌려서 시내에서 철조망을 사와 정말 거창하게 가로 세로 3~4m 크기의 울타리를 두르고 수놈이 마음 놓고 날아들 수 있도록 철망 윗부분에 커다란 구멍을 뚫어 놓았습니다. 멋진 신혼집이었습니다.

이제 두 놈이 합방만 하면 된다는 기대에 부풀어 있었습니다. 그래도 역시 감감 무소식. 데스크에서는 연일 어떻게 돼가느냐며 닦달이었습니다. 아니 말이 안 통하는 짐승인데 왜 안 오느냐고 물어볼 수가 있나, 그렇다고 오라고 한들 오나. 취재비 들여 비싼 철조망까지 치며 한바탕 난리를 친 뒤라 이제 진퇴양난의 난처한 입장이었습니다.

이때 날아든 희소식! 경북대학교 박 모 교수로부터 "남 기자! 올빼미 수놈 한 마리가 탈진해 민간인이 보호하고 있다는군."이라는 연락이 온 것입니다. 앞뒤 생각할 겨를도 없이 "교수님, 그렇다면 그 올빼미 저희가 보호하겠습니다. 지금 올빼미 취재를 위해 철조망까지 쳐놓았는데 저희가 보호하고 있다가 기력이 회복되면 자연으로 돌려보내겠습니다." 하고 양해를 얻었습니다. '그래 이 놈을 합방시키는 거야. 이제 됐어!' 오직 그 생각뿐이었습니다.

카메라 기자와 협의 끝에 일사천리로 통과! 다음날 데스크의 득달같은 확인 전화에 의기양양하게 "예, 지성이라면 감천이라고 간밤에 드디어 수놈이 철조망 안으로 날아들었습니다. 지금 두 놈의 행동을 주시하고 있는 중입니다."라고 말했습니다.

"야! 주시는 무슨 예의 주시? 그놈들 울고불고 안 해?"

"예? 뭐가요?"

"하 참! 너 생각해봐. 오랜만에 두 놈이 극적으로 만났으니 울고불고 하던지 무슨 포옹이나 감정 표현이라는 게 있을 것 아냐. 너 군 복무 중에 애인 찾아왔을 때 기분이 어땠어? 그걸 기사에 잘 녹이라고. 그게 포인트야, 포인트. 눈물 찡하게 기사 잘 써. 그거 남달구 너 전공 아니야?"

"예." 하고 대답은 했지만 참으로 난감했습니다. 지금 두 놈은 서로 갖다 붙여 놓아도 도망 다니며 멀뚱멀뚱 쳐다보지도 않고 있는데 무슨 놈의 울고불고가 어디 있어! 어쩌지? 그렇게 한참을 지켜보고 있는데 드디어 두 놈이 서로 동병상련의 정을 느꼈는지 얼굴을 부비며 친숙하게 지냈습니다.

그래서 우격다짐으로 나간 기사가 "비록 말 못하는 동물이지만 이별을 밥 먹듯이 하는 인간 세상에 올빼미 부부의 지고지순한 사랑은 극적인 해후 속에 그리움의 눈물을 쏟아냅니다. 아는지 모르는지 울타리 옆 진달래꽃도 수줍은 듯 홍조 빛 뺨을 붉히고… 어쩌고저쩌고…."였습니다.

방송이 나가자 곧바로 여기저기서 참 기사가 감동적이라는 찬사가 쏟아졌습니다. 어쨌건 압박감에서 벗어났다는 기분도 잠시! 박 교수님으로부터 전화가 걸려왔습니다.

"남 기자! 기사 정말 잘 봤어. 그런데 그게 아니야. 올빼미는 눈물샘이 없어. 그래서 눈물이 없는 거야. 그놈의 올빼미 돌연변이인가 보지? 크크."

"예? 교수님. 이거 어떻게 하지요?"

"뭘 어떻게 해. 올빼미는 눈물샘이 없다는 것 나 말고는 잘 모를 거야, 아마. 하여튼 취재 잘했어."

아! 올빼미는 눈물샘이 없다! 뒤늦게 후회와 걱정이 물밀듯이 밀려왔습니다. 정말 절망적인 생각이 들었습니다. 그래서 문제가 생기면 곧바로 사표를 내자 하고 얼마간 사표를 지니고 다녔습니다. '그래, 이제부터 차라리 절필을 할지언정 곡필은 하지 말자.'라고 다짐에 또 다짐을 거듭했습니다. 정말이지 지금 생각해도 부끄러운 취재였습니다.

오랜 시간이 흐른 뒤 후배와 만난 술자리에서 사실을 고백했습니다. 당시에 이랬노라고. 그 후배가 배꼽을 잡고 웃더니 하는 말. "선배 절대로 다른 곳에 얘기 안 하고 비밀을 지킬 테니 언제든 콜! 하면 술 사줘야 돼요. 그럼, 오케이!"

그래서 그 취재 이후로 애타는 남의 속도 모르고 붙은 별명이 '올빼미의 눈물! 아는지 모르는지'였습니다. 참으로 두고두고 양심에 가책을 느껴야 했습니다.

06 삼밭에서 자라는 쑥대는 붙들지 않아도 곧게 자란다

충성의 경쟁심은 사람에게만 있는 것이 아니라 동물에게도 있습니다. 특히 개의 충성심은 유독 강한 것 같습니다.

요즘 농촌마다 멧돼지 때문에 골머리를 앓고 있습니다. 수확 직전의 과수나 농작물을 마구 파헤쳐서 그 폐해가 이만저만이 아닙니다. 하지만 한때 멧돼지가 사냥꾼들 사이에서 전설적인 동물로 여겨졌던 때가 있었습니다. 유명 포수라는 소리를 듣자면 멧돼지 한 마리쯤은 사냥한 경력이 있어야 그 축에 낄 수 있었기 때문입니다. 그만큼 멧돼지가 영리해서 잡기도 어려운 데다 보기조차 힘들었습니다.

당시 안동에 유명한 포수가 있었습니다. 멧돼지 사냥에는 그야말로 전설적인 노인이었습니다. 멧돼지와 사냥개의 혈투가 명장면이라 해서 이를 취재하기 위해 어렵사리 섭외를 하고 취재를 나섰습니다.

이른 아침 사냥개 다섯 마리를 차량 뒤에 싣고 포수 세 명이 한 조가 되어 깊은 계곡으로 들어갔습니다. 하루 전에 미리 멧돼지가 놀았던 흔적을 답사해 놓은 지점에 이르러 우선 사냥개에게 이른 아침 식사로 맛있게 끓인 죽을 주었습니다. 사냥개들은 열심히 먹더니 신기하게도 허리를 풀거나 다리를 들어 오줌을 누거나 하면서 몸을 풀었습니다. 준비 운동을 한다는 설명이었습니다.

개들의 준비 운동이 끝나자 주포수인 김 노인이 사냥개 다섯 마리를 이끌고 산 능선을 따라 올라가며 나머지 보조포수 두 명에게 계곡 바닥에 두 지점을 정해주며 대기하라고 했습니다. 산 능선을 탄지 10여 분쯤 후에 주포수가 무전으로 다급한 목소리를 전해왔습니다.

"전방 200m쯤 되는 지점에 멧돼지가 있음. 지금 사냥개를 풀겠음." 하며 보조포수에게 긴장하라고 지시했습니다. 그리고 채 몇 분이 흐르지 않아 갑자기 계곡을 진동하는 멧돼지의 비명소리가 울리고 멧돼지와 사냥개의 쫓고 쫓기는 추격전이 시작됐습니다. 멧돼지는 앞다리가 짧아서 계곡 바닥으로 내달리는 습성이 있어서 사냥개가 쫓으면 거친 숨소리를 내며 쏜살같이 내려온다는 것이었습니다. 잡목 사이를 이리저리 워낙 빨리 뛰는지라 바닥에 있던 두 보조포수가 미처 총을 겨누지 못했습니다.

산을 내려올 때는 멧돼지가 빠르지만 막상 계곡 아래로 내려오자 개들이 멧돼지를 따라잡기 시작했습니다. 어디쯤인지 모르지만 멀리서 개와 멧돼지의 한판 혈투가 벌어졌습니다. 개 짓는 소리를 따라 달려가니 그야말로 혈투였습니다. 다섯 놈이 번갈아 가며 사정없이 공격을 하고 멧돼지는 필사적으로 저항했습니다. 하지만 멧돼지가 워낙 큰 놈이어서 오히려 개들이 힘이 부쳤습니다. 이때 주포수가 다가가자 개들은 일시에 뒤로 물러났습니다. 포수에게 우리가 힘에 부치니 총을 쏴달라는 신호라는 것입니다. 가쁜 숨을 몰아쉬며 기진맥진한 멧돼지를 향해 단발의 총성이 울리자 그만 멧돼지는 풀썩 쓰러졌습니다. 게임이 끝났습니다.

신기한 것은 사냥이 끝난 뒤 개들의 행동이었습니다. 멧돼지의 날카로운 이빨에 받혀서 어떤 놈은 이마에 피가 나고 어떤 놈은 뱃가죽이 찢어진 상태였습니다. 사냥이 끝나자 다섯 마리의 개 가운데 유독 한 마리만이 멧돼지에게 다가가서 죽은 멧돼지를 지키고 있었습니다. 나머지 네 마리의 개는 멧돼지 근처에 얼씬도 못했습니다. 지키고 있던 개의 이름은 대장 '깜보'라 했습니다. 주포수인 김 노인이 다가가 "깜보! 수고했어, 최고야!"라며 머리를 쓰다듬어 주고 칭찬하자 그제야 물러났습니다.

설명을 들어 보니 개의 세계에도 위계질서가 있고, 충성 경쟁이 심하다는 것이었습니다. 깜보가 대장으로서 주인의 칭찬을 독차지하기 위해 멧돼지를 자기가 잡은 양 혼자 멧돼지를 지킨다는 것입니다. 세상에! 다섯 마리가 같이 공동으로 잡아놓고 공은 자기 혼자서 세우다니! 정말 깜짝 놀랐습니다.

비단 개의 세계뿐이겠습니까? 인간의 세계 역시 예외는 아닙니다. 단적인 예를 들자면, 정보를 독차지해서 주군에게 잘 보이기 위해 충성 경쟁을 벌이다가 끝내는 주군을 살해하는 비극의 역사가 이를 잘 보여주고 있습니다.

진정한 충성심은 백 번을 칭송하더라도 모자람이 없습니다. 문제는 모든 공을 혼자서 독차지하려는 과욕, 즉 잘못된 충성심에 있습니다. 어떤 권모술수를 부려서라도 윗사람의 눈에 들려고 하는 능력 밖의 처신이 문제입니다. 이런 행동은 진실을 은폐하고 윗사람의 눈과 귀를 가리며 결국은 자신을 망치고 윗사람에게까지 화를 입히고 맙니다. 보다 큰 잘못은 이런 풍토와 환경을 부추기고 조성하는 윗사람의 처신, 즉 편애라는 달콤한 보상으로 그릇된 충성을 강요하는 환경과 분위기에 있습니다.

'자벌레'라는 놈은 정해진 빛깔이 없이 무색으로 먹는 음식에 따라 색이 변한다고 합니다. 사람의 관계도 이와 같아 아랫사람 역시 윗사람 하기에 달렸습니다. 논어에 '삼밭에서 자라는 쑥대는 붙들지 않아도 곧게 자라고 흰 모래도 진흙 속에 넣으면 검어진다.'고 했습니다. 윗물이 맑으면 아랫물이 흐려질 수가 없습니다. 그러기에 공자는 '군군 신신 부부 자자 君君 臣臣 父父 子子'라 했습니다. 임금은 임금다워야 하고 신하는 신하다워야 하며, 아버지는 아버지답고 아들은 아들다워야 한다는 말입니다. 자기 위치에서 주어진 책무와 본분을 지키는 것이 곧 가정과 사회와 조직과 국가에 충성을 다하는 길입니다.

저 역시 '기자라는 나의 책무와 본분을 지키기 위해 최선의 노력을 했는가.' 하는 깊은 회의가 듭니다. 지금부터라도 거듭나야겠다고 다짐해봅니다.

# 삶은 우연인가, 필연인가?

    1997년 초겨울 어느 날입니다. 데스크로부터 다급한 취재 지시가 떨어졌습니다. 강원도 태백에서 대형 광원 매몰사고가 발생했으니 빨리 현장으로 가라는 것입니다. 가능한 빨리 가서 SBS 6시 뉴스에서부터 중계를 해야 한다고 했습니다.

    그때가 오전 10시 무렵. 대구에서 태백 사고 현장까지 단 1분도 쉬지 않고 달려가도 당시 도로 사정상 꼬박 6시간 이상 걸리는 거리입니다. 현장에 도착해서 상황을 파악하고 기사를 작성해 생방송에 임하기까지 남은 시간은 줄잡아 2시간 남짓. 마음이 다급했습니다. 될 수 있는 한 속도를 내라며 운전기사를 다그쳤습니다. 경북 봉화에서 태백으로 넘어가는 길목인 노루재 고개 삼거리에 이르자 벌써 오후 1시를 훌쩍 넘겼습니다.

취재 일행은 잠시 국밥이라도 한 그릇 먹고 가자고 했습니다. 그러나 그럴 시간이 없으니 일단 현장에 도착해서 6시 뉴스나 커버해놓고 보자며 강행군을 했습니다. 취재 현장에 갈 때면 늘 시간에 쫓겨 점심 따위는 건너뛰기 일쑤였습니다. 이날따라 운전기사가 몹시 힘들어하는 것 같았습니다. 입이 나오고 얼굴에 불만이 가득했지만 그냥 모른 척할 수밖에 없었습니다.

구불구불 구절양장처럼 굽이친 험한 노루재 고갯길을 곡예를 하듯이 넘어서 내리막길을 막 빠져 나가, 탄광사고 현장을 불과 1시간 정도 남겨둔 지점이었습니다. 급커브를 돌아 차량이 속도를 내려는 순간 바로 눈앞에 빙판길이 나타났습니다. 아찔했습니다. 강원 산간 지역은 일찍 눈이 내리는 데다, 음달진 곳은 눈이 잘 녹지 않아 빙판길을 이루고 있음을 미처 몰랐습니다.

눈 깜짝할 사이 차량은 미끄러지면서 10m가 넘는 계곡으로 곤두박질쳤습니다. 극히 짧은 찰라! 차량이 떨어져 내리는 그 짧은 순간에 '아! 이렇게 죽는구나' 하는 생각이 스쳤습니다. 그리고는 의식을 잃었습니다.

얼마의 시간이 흘렀을까? 어렴풋이 의식이 돌아오기 시작했습니다. 그때 처음으로 느껴지는 막연한 의식이 바로 생존이었습니다. '내가 지금 의식이 있는 것을 보니 죽지는 않았구나.' 하는 생각이 가정 먼저 떠올랐습니다.

그리고 안도감을 느끼는 순간, 온몸에 통증이 오기 시작했습니다. 갈비뼈는 물론 오른쪽 팔은 아예 부러져 팔이 떨어져 나간 것 같았습니다. 살아있다는 사실만으로도 감사하다는 생각이 들었습니다. 당시 취재 차량이던 갤로퍼는 종잇장처럼 구겨졌습니다. 다행히 지나가던 맞은편 차가 발견해 119에 신고해서 목숨을 건질 수 있었습니다.

 병원에 여러 달 신세지면서 당시를 돌이켜 보았습니다. 그때 만약에 간단하게라도 점심을 먹고 갔더라면 과연 사고가 안 났을까? 아니 차량의 속도를 늦추어 만약에 1~2분이라도 좀 더 늦게 그 장소에 도착했더라면 어땠을까? 좀 더 이른 시간에 지나갔더라면? 어쩌면 이게 내 운명이라는 것일까? 아니면 우연한 사고일까?
 온갖 생각이 들었습니다. 삶의 섭리를 어떻게 이렇다 저렇다 단정 지을 수 있을까마는 그 사고는 제 필연적인 운명이었다는 생각이 강했습니다. 하필 바로 그 순간에 그 지점을 지나게 되고, 그곳이 빙판이었다는 사실은 피할 수 없는, 내 삶에 축적된 운명의 그림자였다는 생각이 들었습니다. 말하자면 전생과 금생에 지어온 업의 결과였다는 생각 말입니다.
 '지금 이 순간 내가 생각하고 말하고 행동한 모든 행위가 그저 단순하게 지금의 행위로만 끝나는 것이 아니라 반드시 과거와 현재와 미래로 이어진다. 인과응보란 자연의 법칙이자 필연의 법칙이며 우연이란 결코 없는 것이다.'라는 운명론으로 받아들여졌습니다.
 그렇게 생각하고 보니, 내가 매 순간 행하는 말과 생각, 행동 하나하나가 두렵게 느껴졌습니다. 속물인지라 형광등처럼 깜박깜박

잊고 지내는 경우가 더 많지만 말입니다.

그때 이후로 웬만한 일은 내 운명이려니 하고 받아들입니다. 이런 일이 생기게 된 것은 다 내 탓이요, 보다 하심下心하고 자성의 기회로 삼으라는 신의 뜻이라고 말입니다.

세상을 살아감에 있어서 원인 없는 결과는 없다고 생각합니다. '인과응보因果應報!' 자신이 뿌린 대로 거두는 게 세상의 참 이치인 것 같습니다. 그러니 운명을 거스르기보다 그대로 받아들이는 겸허한 자세를 가져야 하겠습니다. 모든 게 내 탓이니 더욱 그렇습니다.

나의 북한 방문기

2003년 11월 16일부터 19일까지 3박 4일간 북한 평양을 방문했습니다. 아래는 그때의 일지입니다.

1.

　중국 심양을 떠난 고려항공 JS156기가 평양 순안공항에 내려앉은 그때 평양은 물안개에 젖어 있었다. 두근거리는 가슴을 진정시키며 트랩을 내려와 북녘 땅을 밟은 순간의 감회를 어찌 말로 다 표현할 수 있으랴.

　입국 수속절차를 마치고 먼 산하를 바라보았다. 마치 예전에도 이곳에 온 듯한 착각이 들 정도였다. 허허로운 들녘이며 구렁진 산의 아기자기한 능선이 남녘과 조금도 다름이 없었다. 아! 여기가 그토록 그리워하던 북녘의 땅! 남의 땅, 낯선 이국이 아니라 우리 땅, 우리의 산하가 아니던가!

　차는 평양 시가지에 있는 고려호텔을 향해 달렸다. 오시느라 수

고가 많았다는 참사 동무의 간단한 인사를 뒤로한 채 눈은 한순간이라도 이 역사적인 순간을 육안 렌즈에 더 담으려는 욕심에 연신 차창 밖으로 향했다.

가로변에 큰 키로 줄지어 늘어선 플라타너스의 가녀린 몸짓이 왠지 모르게 애잔하게 느껴졌다. 마치 빈터로 남은 가을 들녘의 쓸쓸한 풍경을 가리려는 듯 의도적으로 심어놓은 위장목 같은 느낌이 들었기 때문이다.

나의 선입견이리라. 잠시 상념에 젖은 순간 차는 느닷없이 만수산 자락에 있는 김일성 동상 앞에 멎었다. 꽃다발을 건네주며 헌화를 하라는 것이었다. 어리둥절해하며 우물쭈물하는 일행에게 일꾼과 참사 동무는 그저 편안하게 생각하시라며 긴장을 풀어주었다. 그리고 김일성 동상을 배경으로 기념사진을 찍어도 좋다고 했다.

이윽고 다시 숙소인 고려호텔에 도착해 정해준 객실로 안내되어 여장을 내려놓고 1층 커피숍에서 정식 인사를 나누었다.

조선중앙당 소속 김 모, 민족경제연합회 소속의 김 모 부사장, 국가보위부 소속의 이 모 참사 동무. 애써 웃는 얼굴이 아니더라도 그들은 분명 한 핏줄을 나눈 형제 같은 모습이었다. 이 뇌리에 굳게 박힌 사상이라는 상반된 찌꺼기만 걸러낸다면 얼마든지 얼싸안고 뒹굴 수 있으련만, 반세기가 넘게 서로를 갈라놓은 원수 같은 이데올로기가 마냥 저주스러웠다.

연신 입에 올리는 "위대하신 김정일." 운운하는 칭호는 이미 예상한 터라 그다지 생경하게 들리지는 않았다. 하지만 판 넘은 천축처럼 계속 호칭을 되뇌어야 하는 그들의 처지가 안쓰럽게 느껴졌다. 그들인들 어찌 모르겠는가. 북녘에서는 그래도 외국물을 먹은 엘리트들인데 말이다. 살아남으려면 나라도 저렇게 해야 하지 않겠는가.

중앙당의 김 사장은 연신 줄담배를 피우는 헤비 스모커였다. 그런데 그가 피우는 담배를 보니 의외로 말보로였다. 미 제국주의 운운하며 원수같이 여기는 자들이 양담배를 피우다니 정말 뜻밖이었다. 이상해서 눈길을 주니 김 사장은 내가 피우고 싶어서 그러는 줄 아는 듯 자랑스러운 표정으로 담배를 권했다. 그냥 모르는 척 받아 피울 수밖에.

첫날 저녁 만찬은 고려호텔 2층에 마련되었다. 7명이 자리하기에는 만찬장이 너무 넓었다. 북측에서 마중 나온 좌장격인 사람은 김 모 민경련 총부사장이었다. 정 모 총사장은 마침 현대 측이 와서 맞이하고 있다고 했다.

김 부총사장은 훤히 벗겨진 머리에 피부가 검은 시골의 넉넉한 아저씨 같은 인상이었다. 어쩌면 이것은 외양일 뿐, 저 가슴 깊은 곳엔 뿌리박힌 주체사상이 숨겨져 있을 것이 아닌가. 망할 놈의 주체사상!

술과 편육과 푸짐한 안주가 나오고 덕담이 오갔다. 취기가 약간씩 오르면서 호탕한 웃음소리가 들리고, 긴장감도 다소 누그러지는 듯했다. 나는 독한 술은 못하고 맥주를 즐겨 마신다고 하니 일본 삿포로 맥주와 평양 대동강 맥주를 내놓았다. 대동강 맥주를 천천히 음미하며 마셔 보았다. 맥주에는 사상이 없으려니 하는 생각이 들자 피식 웃음이 나왔다. 거나하게 취기가 오르고 2차로 노래방에 가자는 제안을 다음날로 미루고 첫날의 만남은 끝났다.

첫날밤은 피곤한데도 긴장한 탓인지 잠이 쉬이 오지를 않아 창밖으로 평양 시가지를 한참 동안이나 내려다 보았다. 한두 군데에서 뒷골목의 가로등 같은 희미한 불빛이 어슴푸레 졸고 있는 듯했다. 듣던 대로 전기 사정이 안 좋기 때문이었다. 평양의 밤은 공포와 적막의 어둠 속에서 신음하고 있었다.

엎치락뒤치락 불면의 밤이었다. 이 순간을 온몸으로 영원히 기억하고 싶었다. 허리 잘린 동족상잔의 비극! 머지않아 그 끝은 오리니!!

2.

둘째 날 하루의 시작은 아침 9시였다. 아침은 호텔 지하 1층에 마련된 간단한 식사였다. 오랫동안 아침을 거른 식습관 탓에 커피 한잔으로 대체했다.

평양 시가지는 금방이라도 울음보를 터트릴 듯 잔뜩 찌푸려있었다. 간간이 오가는 사람만 눈에 띌 뿐, 거리는 쥐죽은 듯 조용했다.

차는 평양 시가지를 벗어나 외곽으로 향했다. 창밖에 비치는 평양 시가지는 우중충하고 암울한 잿빛 도시였다. 도무지 활기라고는 눈곱만큼도 찾아볼 수 없었다. 간간이 오가는 사람들의 얼굴 표정도 웃음기라고는 없었다. 깡마른 체구에 체념한 듯한 무표정한 얼굴. 목숨이 붙어있기에 마지못해 살아가는 그런 느낌이 들었다.

거리 곳곳엔 붉은 글씨로 선군정치라고 커다랗게 쓴 간판과 현수막이 걸려 있었다. '선군정치!' 김정일 정권이 위협을 느끼고 있다는 징표이리라. 겉으로는 강성제국을 부르짖지만 내막은 흔들리는 김정일 체제를 강화하기 위해 군부를 전면에 내세운 고육지책이 아닌가. 저 허망한 깃발 아래 또 얼마나 많은 인민들이 핍박을 받고 주구走狗와 같은 삶을 살아야 할까?

이런저런 상념에 잠긴 사이 차는 어느새 창광거리를 지나 김일성 생가 앞에 멈춰 섰다. "위대하신 수령님께서 탄생하신……." 앵무새 같은 음성은 한 치의 오차도 머뭇거림도 없이 해설을 이어갔다. 해설이 끝나고 돌아서니 어디서 동원됐는지 한 떼의 인민들이 줄지어 늘어서서 관람 차례를 기다리고 있었다. 그래 사상교육이라는 것이구나.

저들은 알고 있을까? 까맣게 속고 있다는 사실을! 저 허무맹랑한 새빨간 거짓말을 말이다. 그들 스스로가 깨우치지 못하는 한, 아니 누군가가 당신이 얼마나 철저하게 속고 있는지를 또 그들이 얼마나 가증스럽게 위선의 가면을 덮어쓰고 인민의 피를 빨고 있는지 주입시켜주지 않는 한 그들은 절대 미몽에서 깨어나지 못할 것이 아닌가. 아닌지도 모른다. 목숨을 부지해야겠기에 뻔히 알고 있으면서도 속는 척하고 있는지도 모른다.

김일성 생가 앞에 있는 기념품 상점에 들렀지만 살 것이 없었다. 위대하신 수령님이 태어나셨다는 터전 앞에 자리한 가게치고는 초라하기 이를 데가 없었다. 조악하게 만든 옥장식품과 인형, 수예품 몇 점, 그리고 인민 화가들이 그렸다는 그림이 전부였다.

그 가운데 운보 김기창 선생의 동생 김기만 화백이 그린 그림이 눈길을 사로잡았다. 형님이 돌아가셨다는 소식을 들은 이후 김기만 화백은 지금 거동조차 불편하다고 안내원 동무가 일러 주었다.

김 화백의 기러기 그림이 가장 마음에 들었다. 창공을 날아오르다가 남녘을 향해 목을 길게 드리운 이 기러기는 어쩌면 남녘 고향과 사무치게 그리운 혈육을 꿈속에서라도 보고픈 절절한 마음이 아니겠는가! 우리 돈 5만 원 상당을 주고 한 점을 샀다. 새우 그림과 포도, 게를 그린 그림도 한 점씩 샀다.

이윽고 차량은 평양에 온 목적이자 현장 확인을 위해서 보고 싶던 농촌 들녘을 향해 달렸다. 추수가 끝난 북한 들녘은 휑하니 을씨년스러웠다. 저 멀리 떨어진 이삭을 줍는 사람들의 모습도 눈에 띠었다. 우리가 가난했던 옛 시절, 그 모습 그대로였다. 궁핍한 식량난을 그대로 말해주고 있었다.

지금 차가 달리는 곳은 군사보호구역이라고 했다. 남녘의 기자에게 공개하기는 처음이라며 은근히 자신들의 위세를 과시했다. 그래서 그런지 가는 길목 경계 지점마다 인민군 차람에 총을 든 초소병이 일일이 지키고 있었다. 깡마른 체구에 가냘픈 몸매, 먹지 못해 굶주려서 그런지 옷이 체구보다 훨씬 크게 보였다. 힘 있는 사람이

탄 차량이라 그런지 간단한 한마디에 일사천리로 통과했다.

평양시 외곽인 순안 지역의 한 들판. 도로변에 오막하게 가려진 한 논두렁 옆에서는 주민 몇몇이 모여 앉아서 카드 뽑기 놀이를 하고 있었다. 미 제국주의 타도를 목청껏 외친 인민들이 서양 카드놀이를 하다니, 도무지 이해가 가지 않는 광경이었다. 혹여 잘못 물어봤다가는 오해라도 살까 해서 애써 참았다. 이들은 일행을 보는 순간 화들짝 놀라서 황급히 자리를 피했다.

좁은 농로를 따라 마을 어귀로 들어서자 저 멀리서 보이던 민가가 바로 눈앞으로 다가왔다. 띄엄띄엄 네댓 가구가 한 부락을 이루고 있었다. 멀리서는 제법 그럴듯하게 보이던 모습과는 딴판이었다. 슬레이트 지붕에 방 두 칸짜리의 낮은 시멘트 벽돌 집이었다. 말이 시멘트이지 페인트 칠 하나 없는 거친 벽돌에다가 방문은 바람을 막을 종이조차 없는지 낡고 찢어진 비닐 조각으로 겨우 가려 놓았다. 담장 하나 없었다. 여기서 어떻게 추운 북녘의 겨울을 나며 생활할 수 있다는 말인가. 추운 겨울을 날 수 있는 환경이 아니었다. 더구나 먹을 것조차도 거의 없는 것이 아닌가! 그러고 보니 유독 한 집의 지붕 위에 푸르른 기운이 얹혀있었다. 가을에 무를 수확한 뒤 떨어진 잎사귀를 주워 시래기를 말리고 있었다. 아마 이 집이 그래도 조금은 힘깨나 있는 집인 모양이다.

논두렁을 따라 조금 더 달리자 휑한 들녘의 한 곳에 유난히 푸른 밭이 눈에 들어왔다. 바로 그들이 말하는 옥파 밭이었다. 북한에서는 양파를 옥파라고 했다. 양파는 남한에서도 중부 이남지방에서만 재배가 가능할 정도로 추위에 약해서 북한에서는 아예 재배가 불가능하단다. 무엇이건 희소하면 가치가 높기 마련이듯이 북한에서는 그만큼 귀한 작물이기에 옥파라고 부른다는 것이다.

북녘은 영하 2~30도, 심지어 3~40도까지 내려가는 강추위로 겨울에 심을 만한 마땅한 작목이 없다. 겨울에 심을 작목이 없으니 땅을 그대로 놀려야 하는 실정이다. 하지만 지금 이곳에 자라고 있는 옥파는 영하 40도에도 얼지 않는 품종이라는 것이다. 지난 4년간 시험 재배 끝에 입증됐다고 한다. 98년 최대의 한파가 몰아쳐 감나무가 다 얼어 죽었지만 이 옥파만큼은 얼지 않았다는 것이다. 그래서 옥파를 북한 식량난을 해결하기 위한 대안으로서 적극 재배하려 하고 있다는 것이다. 종자는 한국의 업자가 개발해서 중국에 있는 종묘회사에서 공급하고, 북측은 땅과 노동력을 제공해 수확을 한 뒤 이익을 분배한다고 했다.

지금 평안도와 함경도, 황해도 등 곳곳에 심겨진 옥파 재배면적이 3만 평, 내년에는 천 정보(1정보=3,000평) 그러니까 300만 평으로 늘리고, 그 다음해에는 2만 정보로 확대할 계획이라고 한다. 2만 정보라면 무려 6천만 평이라는 엄청난 면적이다. 이를 수확해서 소련과 일본에 수출하게 되면 어려움을 겪고 있는 연간 150만 톤의 북한 식량난을 완전히 해결할 수 있다. 그러니 양파를 옥파라 부르는 것은 당연하거니와 김정일에게까지 보고된 교시사업이다 보니

북한의 식량난 해결을 위한 대안인 옥파밭에서

담당 일꾼이 목숨을 걸고 추진하고 있다고 해도 과언이 아니라고 한다. 그러니 이를 남측에 널리 알려서 적극 도와달라는 것이다.

3.

문제는 돈이었다. 그만한 땅에 옥파를 심자면 씨앗 값도 적잖이 들어가는데 보다 더 큰 문제는 비료와 비닐 값이다. 심는 것이야 노는 인민의 노동력을 동원해 얼마든지 가능하지만 비료와 비닐은 해결할 길이 없다. 남측의 도움이 절실하다는 것이다.

먼저 옥파 씨앗과 비료, 보온에 필요한 비닐 박막을 제공하고 수확을 한 뒤에 팔아서 이익을 나누자고 한다. 내가 취재를 목적으로 북한에 들어올 수 있었던 것도 바로 이 옥파 때문이다. 실제 추운 북녘 땅에 옥파가 자라는지 재배 현장을 눈으로 직접 보고, 북측의 명확한 입장을 직접 확인하기 위해서였다. 그것이 사실이고 보도를 통해 북한의 식량난 해결을 위한 입장을 전하고 도움을 줄 수 있는 길이 있다면 도움을 주기 위해서다.

그런데 여기 이렇게 옥파가 잘 자라고 있지 않은가. 뽑아서 껍질을 까고 현장에서 먹어 보았다. 맛이 유난히 달콤하게 느껴졌다. 그리고 가지고 간 캠코더로 그 현장을 상세하게 촬영했다. 멀리 보이는 민가며, 들판에서 나물을 캐는 북녘 동포의 모습도 담았다. 북측의 김 사장에게 부탁해서 현장에서 스탠딩도 잡았다.

"여기는 평양 시가지에서 차로 1시간 반 남짓 걸리는 거리에 있는 순안 지역의 한 들판입니다. 지금 이곳 현장에는 보시는 것처럼 남녘에서만 자란다는 옥파가 이렇게……." 운운하며 스탠딩 멘트를 했다.

북측의 동무가 카메라를 잡고 남측의 기자가 스탠딩을 하고. 기자 생활에 있어 더 없이 영광된 순간이었다. 내가 북녘 동포를 위해 무엇인가 할 수 있다는 기대감에 가슴이 벅차올랐다. 그것도 평양 교외의 들판에서 마이크를 잡고 있으니 그 감격이 오죽했겠는가. 그들과 함께 기념사진도 남겼다.

어떻게든 도와줘야겠다는 생각이 들었다. 옥파 재배가 성공하면 그 누구보다도 헐벗고 굶주린 북녘 동포들의 끼니가 해결되는 문제가 아닌가! '의식족지예절衣食足之禮節'이라 하지 않았던가. 곳간이 차야 예절을 알 듯이 굶주림에서 벗어나면 서서히 북녘 동포들의 의식이 깨어나리라. 그리고 김정일 체제의 허구성에 대해서도 눈을 뜰 것이다. 이는 남북화해와 교류협력 차원에서도 도움이 필요하다는 생각이 들었다.

　북한의 정권이야 한없이 저주스럽지만 우리 형제자매들에 대한 동포애 차원에서 진정 도움의 길을 찾고 싶은 마음이 간절했다. 그런데 어디 돈이 한두 푼 드는 일인가? 소요자금이 최소한 3~40억 원은 들어가야 했다. 이미 멋모르고 앞서 사업에 나섰던 모 회사는 부도직전의 상황이었다. 천천히 그리고 신중하게 생각해보자고 마음속으로 결심을 다졌다. 궁하면 통하듯이 지인들과 머리를 맞대고 의논하면 좋은 길이 있지 않겠느냐는 막연한 기대감도 들었다.

　현장을 확인하고 돌아오는 길에 평양 대동강변 근교에 있는 열사능으로 안내했다. 잘 정돈된 묘역은 애국열사 능과 혁명열사 능 두 곳으로 나뉘어져 있었다. 김일성이 직접 터를 잡았다는 것이다. 멀리 겹겹이 둘러쳐진 산 능선이 아래로 굽어보이는 명당이라는 느낌이 들었다. 찬찬히 묘비명을 훑어보던 중 깜짝 놀랐다. 일제강점기 때 이름을 남긴 애국지사의 이름이 곳곳에 보이는 것이 아닌가! 일제 때는 이분들이 꺼져가는 민족의 국운을 살리려는 우국지사였다. 하지만 6·25동란 이후 남북으로 허리가 잘리면서 북으로, 남으로, 서로 다른 길을 걸었다.

　이분들이 왜 여기에 묻혀있느냐는 착각도 잠시, 지금 이곳이 바로 그 비극적인 이념의 현장이라는 생각에 정신이 확 깨었다. 민족의 슬픈 운명의 그림자가 드리워진 이 묘비 앞에 지금 나는 또 다른 이방인이 되어 여기에 서 있지 않은가!

잠시 상념에 젖어 있는데 참사 동무가 불렀다. 여기 이분 아시지 않냐고 해서 보니 김용순 동지였다. 여러 차례 남한을 방문했던 북한의 최고위 인사였다. 그런데 아직 남한에서는 죽었다는 사실조차 알지 못하고 있었는데 이곳 애국열사능에 묻혀 있었다. 기념 촬영을 해도 좋다고 했다. 이곳저곳에서 여러 장의 기념사진을 남겼다.

오는 길에 모란봉 을밀대에도 들렀다. 가슴 벅찬 감격스러운 순간이었다. 을밀대의 현판은 검은색 큰 글씨로 쓰여서 칠이 일부 벗겨진 매우 낡은 상태였다. 손인호의 〈한 많은 대동강〉 옛 노래가 생각났다.

<한 많은 대동강>

한 많은 대동강아 변함없이 잘 있느냐
모란봉아 을밀대야 네 모양이 그립구나
철조망이 가로막혀 다시 만날 그때까지
아- 소식을 물어본다
한 많은 대동강아

대동강 부벽루야 뱃노래가 그립구나
귀에 익은 수심가를 다시 한 번 불러본다
편지 한 장 전할 길이 이다지도 없을쏘냐

아- 썼다가 찢어버린

한 많은 대동강아

"기자 양반! 뭘 그리 생각해. 곧 우리민족 통일의 그날이 오지 않겠어?"

'아, 그럼 그래야지요.' 차마 떨어지지 않은 발길을 돌려야 했다. 아득한 수심을 뒤로 한 채, 차는 다시 평양의 고려 호텔로 향했다.

4.

방은 철저하게 도청되고 있었다. 잠자리에 들기까지 말을 함부로 할 수 없었다. 필담이나 눈짓으로 의사소통을 하거나 아니면 텔레비전 소리를 크게 틀어놓고 소곤소곤 얘기해야 했다. 그러니 피상적인 말만 주고받을 수밖에 없었다.

내가 묵고 있는 객실은 고려호텔 16층 27호실, 도청은 7층에서 이뤄지고 있었다. 지난 하루 사이지만 서로 따뜻한 가슴이 전해졌는지 북측의 김 사장이 조심스레 일러주었던 것이다. 왜 일러주게 되었는지는 한참 뒤에야 알게 되었다.

그들은 항상 일행을 3인 1조가 되어서 맞이하고 일행이 떠날 때까지 서로 감시하고 견제했다. 일과가 끝나면 상부에 보고를 따로 했다. 김 선생의 경우 자신이 목숨 걸다시피 하는 초기의 옥파 사업에 노심초사했다. 혹 숙소에서 우리 일행끼리 주고받는 부정적인 내용이 참사 동무의 도청에 걸리게 되면 끝장이라고 지레짐작해 일러주었던 것이다. 우리 일행이 아닌 자신의 옥파 사업의 성공을 위해서였다.

도청은 이미 예견한 일이었지만, 늘 함께하는 동지 관계인 세 사람조차 그렇게 견제가 심하리라고는 생각도 못했다. 그들이 겉으로 드러내 보이는 관계는 일종의 쇼에 불과한 것이었다. 심장에 차가운 피가 돌고 있는 듯했다. 서로가 감시하고 견제하고 맹목적인 충성을 바쳐야만 살아남을 수 있는 절박하고도 야속한 운명들이었다.

방은 더위가 느껴질 정도로 따뜻했다. 춥다는 말에 내복까지 껴입고 간 처지라 더욱 그랬다. 저녁은 호텔이 아닌 대동강변 인공호수 옆 한식당에서 가졌다. 그들은 단고기를 즐겼다. 개고기를 그렇게 불렀다. 개고기 등뼈와 뱃살이 맛이 있다며 권했다. 나는 단고기를 금기시하는 터라 털게와 왕새우 회를 먹었다. 털게는 앞다리 집게에 털이 난 게였다. 음식은 담백하고 맛있었다. 그들은 털게가 일본에서는 한 마리에 10만 원이 넘는 귀한 음식이라고 은근히 자랑했다.

거나하게 술과 식사를 하고 노래방으로 갔다. 고려호텔 지하에 있었다. 명태포와 감, 배, 포도 등 과일 안주가 푸짐하게 나왔다. 나는 일본 산 삿포로 맥주와 북한 대동강 맥주를 번갈아 마셨다.

잠시 뒤에 여성 동무 두 명이 나타났다. 김 사장이 같은 사무실에서 일하는 여성동무라 소개했다. 이름은 금이와 옥이라 했다. 두 명 모두 아름다운 미모로 한 사람은 결혼을 했고, 한 사람은 미혼이라고 했다. 어쩐지 금세 친한 사이가 되었다. 농 삼아 남측에는 멋있는 청년이 많으니 옥이 씨는 통일이 될 때까지 결혼을 하지 마시라. 그러면 내가 멋있는 남측 총각을 소개해 주겠다고 하자 막 웃으며 빨리 통일이 됐으면 좋겠다고 맞장구쳤다.

호텔 노래방 기기에 남측 노래는 〈고향 생각〉 등 14곡이 있었다. 전부 약간씩 편곡된 곡이어서 우리의 음과는 조금 차이가 났다. 그들은 모두 노래를 잘 불렀다.

북측의 김 선생은 팝송 〈My Way〉를 유창하게 불렀다. 아버지가 군 고위 장성인 탓에 소련 유학도 다녀오고 대사관에도 잠시 근무한 적이 있다는 40대 초반의 엘리트였다. 남자다운 호기와 배포도 있었다. 북측에도 이런 인물이 있을까 싶을 정도로 자유분방하고 사고도 유연했다. 늘 특유의 느린 억양으로 우리는 한민족임을 강조했다. 그의 눈빛은 가끔씩 탁 터놓고 말할 수 없다는 안타까움을 내비치곤 했다. 나 역시 그런 눈빛으로 화답했다. 보위부의 참사가 잠시 자리를 뜬 사이 난 내가 이곳에 온 또 다른 마음속의 이야기를 조심스럽게 했다. 남한 최초로 북한 주재기자가 되고 싶다는 얘기였다. SBS의 평양지국 설치가 가능하냐고 타진할 심사였다.

새벽 1시쯤 술자리가 끝났다. 숙소로 올라와 잠자리에 들려는 순간 김 선생이 찾아왔다. TV 소리를 시끄럽게 높였다. 도청을 방지하기 위해서였다. 그리고는 옥파사업을 꼭 도와달라고 했다. 그러면 평양지국 설치도 가능한 길을 찾아보겠다고 했다. 나는 '남측 방송사 지국이 평양에 머문들 상징적인 존재밖에 더 되겠느냐. 지금처럼 철저하게 감시 하에 있는데 어떻게 북측의 불리한 기사를 내보낼 수가 있겠느냐. 그저 봄, 여름, 가을, 겨울의 계절의 모습과 문화유산, 유적지를 보도하는 것이 고작이지 않겠냐.'는 설명도 곁들였다.

김 사장은 자신이 언제든 중국을 나갈 수 있으니 중국에서 다시 만나 깊은 얘기를 하자고 했다. 내가 요청만 하면 언제든지 중국으로 나갈 수 있다며 확신에 차있었다. 그리고 중국에서 자신에게 직접 연락을 취할 수 있는 평양 사무실의 전화번호를 알려주었다. 꼭 연락을 주시라고! 불콰해진 얼굴에 눈빛은 초롱초롱 빛나고 있었다. 내 마음을 꿰뚫어 보려는 듯한 눈빛이었다.

5.

다음 날은 가벼운 마음으로 평양 시가지 구경에 나섰다. 개선문이며 대동강변에 자리 잡은 주체사상 탑 정상에도 올라갔다. 탑 정상으로 향하는 엘리베이터가 설치돼 있었다.

그곳에서는 평양 시가지를 한눈에 내려다볼 수 있었다. 바로 눈앞에 대동강이 흐르고, 저 멀리 능라도도 보였다. 김정일이 야심차게 추진했던 평양 시가지 한복판에 우뚝 선 유경 호텔은 자금 사정으로 공사가 중단되어 흉물스러운 모습으로 버티고 있었다. 마치 쓰러져 가는 김정일 정권의 암울한 그림자 같았다.

소년 궁전에서는 어린아이들이 바둑을 두고 악기를 연주하는 모습도 보았다. 모두 천재 교육을 받는 영특한 어린이들이라 했다.

북한 어린이들이 능력에 따라 이렇게 고급교육을 받고 있다는 자랑이었다. 알고도 모르는 척 속아줄 수밖에.

 김일성이 평양 입성을 알리는 첫 연설을 했다는 능라도 축구 경기장도 가보고 선물 코너도 둘러보았다. 호텔에서 조금 떨어진 시가지 담벼락 한쪽에는 임시로 마련한 듯한 비닐로 만든 군밤 파는 가게도 있었다. 그곳에서 군밤을 사려고 하니 참으라 했다. 더 맛있는 것 많은데 뭐 하러 군밤 같은 것을 사느냐며 핀잔을 주었다.

 잿빛 도시였다. 질식할 것만 같은 도시였다. 모두가 인형극이었다. 시간이 흐를수록 긴장감이 누그러지고 조금씩 현실을 직시하게 되면서 참 슬프고도 딱한, 이상한 세상이라는 느낌이 새삼 고개를 쳐들었다.

 이상한 나라! 차라리 한바탕 악몽이라면 잠시 스쳐지나갈 것을, 이렇게 모질고도 긴 악몽의 터널이 이 지구상에 또 어디 있으랴. 그들의 눈빛과 몸짓 하나하나 그리고 마음씨를 보면서 결코 미워할 수 없다는 생각이 들었다. 미워해서는 안 된다는 생각이 들었다. 나만이라도 열린 가슴으로 따뜻이 대해야겠다는 생각이 간절했다.

 바로 등 뒤에 총부리를 겨누고 있는데 어느 누가 저항을 하랴. 죽지 않고 목숨을 부지하기 위해서는 이 외길밖에 선택의 여지가 없지 않은가. 집단 농장에서 사육되고 있는 동물과 같은 신세인 그들을 결코 미워하거나 원망해서는 안 된다. 그것은 또 다른 죄악이라는 생각이 들었다. 내일이라도 통일이 되면 바로 우리의 이웃, 우리의 형제가 아닌가.

갑자기 이들의 처지가 애처롭게 느껴졌다. 그리고 가슴속에서 뜨거운 감정이 솟구쳤다. 나는 결코 이들의 상전이 아니었다. 우쭐해할 필요도 없었다. 그렇다고 값싼 동정심을 보일 필요도 없었다. 그것은 약자 앞의 위선이다. 그들을 그들 나름의 사고와 방식대로 이해하는 것이 도리였다. 달리 방도도 없었다.

순안 공항에서의 마지막 작별 순간이 다가왔다. 북한 술이 좋다고 권하기에 들쭉술 한 병을 샀다. 능구렁이 뱀술도 좋다고 권했지만 사양했다. 오히려 내가 한 병 사서 드리고 싶다고 했지만 그들 역시 사양했다. 자신들은 늘 마신단다.

마지막 인사말이 오가고 트랩에 오르려는 순간, 작은 정성을 실어 놓았으니 내려서 보시라고 한다. 송이버섯이라는 것이다. 중국에서 내려서 수화물을 확인해보니 엄청난 양이었다. 작은 정성이 아니라 무려 1kg 단위의 아이스박스로 포장되어 총 72kg이나 되는 양이었다. 하지만 중국 공안 당국의 농간으로 한국으로는 단 한 송이도 가져오지 못했다. 다음날 중국에서 한국행 비행기를 타려고 하는데 전날 공항 물품 보관소에 맡겨 두었던 송이 상자를 비행기가 출발하기 10분 전까지도 가져오지 않고 꾸물거리는 것이다.

당시만 하더라도 중국 공안의 횡포가 이만저만이 아니었다. 그게 중국의 얼굴이요, 수준이었다. 어디 대놓고 항의할 곳도 없는 실정이었다. 혼자 떠들어 봤자 원숭이 쳐다보듯 했다. 비행기를 놓칠 수 없어서 하는 수없이 그냥 두고 올 수밖에 없었다. 귀한 정성을 채 가슴으로 느껴보지도 못하고 어이없이 버렸다는 생각에 못내 아쉬움이 남았다.

6.

내가 다시 북한을 방문하게 된 것은 2004년 6월경이었다. 그간 중국의 관계자를 통해 북한의 김 선생과는 옥파 관계로 여러 가지 대화를 주고받은 터였다. 지인을 통해 상당한 금액의 물품도 보냈다. 내가 도울 수 있는 한 여러 가지 일들을 힘껏 도왔고 감사하다는 인사도 받았다. 물론 통일부에 모두 신고를 한 터였다. 그러는 사이 김 선생과의 신뢰도 쌓여갔고, 형님 동생 같은 사이가 되었다.

평양으로 가기 위해 심양의 공항으로 가니 우리 일행뿐 아니라 한국의 전직 고위층 인사와 대학교수, 사업가 등 여러 명이 더 있었다. 나중에 평양에 도착하고 보니 역시 옥파 사업의 타진을 위해서였다.

실제 지원도 이루어졌다. 내가 모시고 갔던 분은 옥파 재배 현장을 둘러본 뒤 200ha에 대한 지원을 약속했다. 일이 잘 추진되어 갈 무렵 나는 더 이상 관여하지 않기로 했다. 당사자 간에 잘하리라는 생각이었다. 그러나 일은 엉뚱한 곳에서 터졌다. 나는 전혀 알지도 못하는 사이 일이 많이 진척되었는데 그 중에 한국에서 부도를 내고 도망을 친 사기꾼이 끼어 있었던 것이다. 자신은 숨고 조선족 사업가를 앞세워 일을 벌었던 것이 드러났다. 말하자면 염불보다 잿밥에 마음이 있었던 사람이다.

영하 3~40도에서도 얼지 않는 옥파 씨앗 최초 연구 개발도 거짓임이 드러났다. 중국을 통해 북한에 보내줬다는 양파 씨앗도 남한의 종자를 개량한 엉터리이며, 보냈다는 씨앗 값도 비료 대금도 물량도 모두 과장되거나 허위 서류였다.

북한 동포를 빙자한 사기극이나 다름없었다. 순수한 동포애의 호의를 악용하는 흡혈귀 같은 존재가 있는 한 우리민족 돕기 운동의 진의는 언제나 부작용을 일으킬 위험성이 크다. 내가 소개를 해서 의욕적으로 추진했던 그분도 결국 손을 들었다고 했다. 나중에는 대금 정산 문제로 한국 법정에서 소송 다툼까지 벌였다. 그 외에도 옥파의 미끼에 걸려 희생양이 된 또 다른 사람이 얼마나 더 있을지는 모르겠다.

조선족 사업가를 욕할 의도는 없다. 하지만 한 가지 밝히고 싶은 것은 북녘 동포를 돕고자 하는 일에 조선족 사업가가 개입하게 되면 그 일은 십중팔구 그르칠 확률이 높다는 것이다. 이것은 중국 조선족 동포가 나빠서가 아니다. 그간 한국의 보따리상에 불과한 사업가들이 일찍이 조선족 사회를 누비고 다니면서 거창한 사업가인 양 속이고 사기치고 한 악업의 결과이다. 그 수법을 고스란히 익히고 노하우를 전수받아서 역으로 보은(?)의 갚음을 하는 것이다.

평양에 머무는 동안 그들의 환대는 놀라웠다. 비로봉과 명승고적은 물론 김대중 대통령이 묵었다는 숙소에서부터 김일성의 만수산 기념 궁전에 이르기까지, 남들이 가기 어려운 곳을 다 다녔다. 만수산 궁전에는 마치 김일성이 살아서 금방이라도 걸어서 나올 것 같은 실물 형상도 만들어 놓았다.

도시락을 준비해서 모란봉 을밀대 풀밭에서 담소를 나누며 동족으로서 통일에 대한 기대감도 나누었다. 서재각에서 베풀어진 고별 만찬에서는 서로 얼싸안고 〈우리의 소원은 통일〉을 목이 터져라 합창했다.

북측의 김 선생은 옥파와는 관계없이 가끔 중국에 나오면 연락이 오고는 했다. 언젠가 금이와 옥이도 함께 나왔다고 해서 급히 북경으로 만나러 들어가 오누이의 정을 나눈 적도 있다. 김 선생에게 양해를 얻어 이들에게 양장 옷 한 벌을 사주었다. 아니나 다를까. 다음 날 아침에 만날 때 그 옷을 입고 나왔는데 그토록 우상화하며 달고 다녔던 김정일 배지도 떼고 나왔다. 충격의 순간이었다.

아! 그럼 그렇지, 역시 내 예상은 틀리지 않았어. 정말 저들의 가슴에 붉게 물든 사상은 한갓 가식이요, 허구이다. 지금 여기에 그 증거가 있지 않은가! 위대하신 수령 운운은 죽지 못해서, 아니 살기 위해서 어쩔 수 없이 행해야 하는 거짓 몸짓이었다. 가슴이 아려왔다.

내가 겪어본 북한의 친구들은 그랬다. 하나같이 착하고 순수한 마음씨였고, 서로 간에 뜻이 통했고, 삼가야 할 말 정도는 알아차릴 줄 아는 예의가 있었다. 적어도 그들은 그랬다.

"남 형! 말하지 않아도 알잖아요. 저희도 다 알고 있습니다. 배울 만큼 배운 사람이잖아요."

언젠가는 이런 말도 했다. "큰 집이 잘 살면 작은 집을 도와줄 수 있잖아요." 그래서 농 삼아 내가 물었다. "누가 큰 집인데?" 서로 웃고 말았다.

문제는 인민이 아니라 김 씨 왕조다. 이제 몰락할 날도 그리 멀지 않았지만 말이다. 그리고 쇠파리처럼 쇠잔등에 빌붙어서 피를 빨고 호의호식하며 사는 소수의 엘리트층이 문제다. 사상의 골수분자 말이다. 그러나 대부분의 인민들은 목숨을 부지하기 위해 어쩔 수 없이 '위대한'을 되뇌어야 하는 슬픈 운명의 사람들이다. 하루빨리 통일이 앞당겨져서 북녘의 동포들이 단 하루만이라도 자유의 공기를 마음껏 들이마실 수 있기를 염원해본다. 미력하나마 힘이 된다면 무슨 일이건 돕고 싶다.

그들과 잠시나마 나눴던 옛정이 그립다. 하루빨리 통일이 되기를 학수고대하는 길밖에 없다. 그래야 옥이 씨도 멋진 남쪽 동무 만나 결혼식을 올리고 하나 된 통일 대한의 아들과 딸을 낳을 수 있으련만. 그렇게 된다면 예쁜 배냇저고리도 선물하고 싶다.

비운의 부엉이 바위

2009년 5월 23일. 이른 아침 휴대전화 소리가 유난히도 크게 울리는 듯했습니다. 데스크로부터 걸려온 전화였습니다.

"남 기자, 빨리 현장으로 내려가! 노 전 대통령이 바위에서 뛰어내려 위독하다는데 정황이 더 파악되는 대로 알려줄 테니 일단 봉하 마을로 출발부터 해!"

급히 서둘러 도착한 봉하 마을은 온통 초상집 분위기였습니다. 전국에서 소식을 듣고 달려온 사람들로 인해 마을 입구로 향하는 노로는 이미 북새통이었습니다. 살벌한 분위기가 감돌았습니다. 마을 입구에 있는 회관 2층에서는 청년들이 취재진이나 수상한 사람이 드나드는지 충혈된 눈으로 감시를 하고 있었습니다. 감히 카메라를 들고 마을 안으로 들어간다는 것은 엄두도 내지 못할 상황이었습니다. 그저 마을 입구에서 서성이며 전국에서 달려온 시민들의 분위기만 스케치할 뿐이었습니다.

이런 분위기 속에 동아일보 기자가 조문객으로 가장해 카메라를 숨기고 들어가 사진을 찍다가 들통이 나 한바탕 난리가 났습니다. "잡아라! 죽여라!" 소리치며 주민들이 따라가고 기자는 필사적으로 논두렁길로 도망을 치는 촌극이 벌어졌습니다. 한 여인은 미친 듯 날뛰었습니다. 마을 앞 도로를 꽉 매운 사람들 사이를 오르내리며 닥치는 대로 욕설을 퍼부었습니다. 저는 먼발치에서 이 광경을 지켜보고 있었습니다. '아마 친인척쯤 되겠지. 얼마나 원통했으면 저럴까!' 갑자기 운집해 있는 기자단 앞으로 다가오더니 예외 없이 마구 욕설을 하며 물러가라고 소리쳤습니다.

"너희 기자 새끼들이 우리 대통령님을 죽였다. 이놈들아! 여기가 감히 어디라고 들어오느냐? 처 죽일 놈들. 너희들이 똑바로 나팔 불었으면, 우리 대통령이 얼마나 억울했으면 바위에서 뛰어내렸겠느냐?"

소리를 질러도 분이 풀리지 않았는지 마구 돌멩이를 집어던져서 하마터면 방송 카메라 렌즈에 맞을 뻔했습니다. 아마 이날, 저는 평생 얻어먹을 욕을 들었을 것입니다.

사고현장에 대한 취재 통제가 풀린 것은 오후가 되어서였습니다. '노사모'의 핵심이던 문성근 씨가 도착해 "아니. 기자 양반들 어째서 여기서 이러고 있냐?"라며 의아스럽게 물었습니다. 자초지종을 얘기하자 이건 돌아가신 분에 대한 예의가 아니라며 잠시 의논하고 오겠다고 한 뒤 곧바로 통제가 풀렸습니다.

청천벽력 같은 비운의 사건 현장엔 이미 전국은 물론 외신까지 몰려와 취재 경쟁을 벌이고 있었습니다. 워낙 밖에서 시간을 많이 지체했는지라 저녁 8시 뉴스 시간이 다가오면서 마음이 다급해졌지만 발 디딜 틈 없는 인산인해로 별 도리가 없었습니다. 천천히 사람들의 물결을 따라 이윽고 닿은 곳이 부엉이 바위! 새벽 등산길에 올랐던 노 전 대통령이 담배 한 대를 피우고 싶다 해서 경호원이 잠시 담배를 구하러 간 사이 뛰어내린 바로 그 바위였습니다. 부엉이 바위라 했습니다. 높이 12미터의 수직에 가까운 암갈색 암벽이었습니다. 옛날에 이 바위에 부엉이가 많이 살았다 해서 마을 사람들이 그렇게 불렀다고 합니다.

잠시 상념에 잠겨 부엉이 바위를 쳐다보는데 문득 섬뜩한 생각이 스쳐 지나갔습니다. 부엉이 바위! 그러고 보니 이 바위가 마치 부엉이 형상이었고, 노 전 대통령의 상도 부엉이를 닮은 상이 아니던가! 참 묘한 인연이라는 생각이 불현듯 일었습니다. 순간 머리가 하얗게 변하면서 광장은 순식간에 "부~엉." 하며 부엉이 울음소리로 가득한 것 같았습니다. 슬픈 곡조라기보다도 못다 한 한이 서린 애절하고도 분노 가득한 그런 울음소리처럼 들려왔습니다.

바로 그 순간 휴대폰이 울렸습니다. 데스크의 전달이었습니다.
"남 선배! 오늘 8시 뉴스 남 선배 아이템은 부엉이 바위랍니다.

잘 부탁드립니다." 하고 통화가 끊어졌습니다.

'제기랄 부엉이 바위라고? 여태껏 현장 도착 분위기와 상황을 중심으로 취재를 해왔는데 갑자기 아이템이 바뀌다니. 아! 그렇지, 그게 아니야. 이 부엉이 바위는 바로 전직 대통령이 극단적인 선택으로 비극적인 종말을 고한 비운의 현장이 아닌가! 그래 정신을 바짝 차려야지.'

중국 민항기 추락, 지리산 계곡 대참사, 대구 지하철 화재, 동해안 간첩 침투 사건 등등 험한 취재 현장을 숱하게 누볐지만, 이곳만큼은 그 의미가 남다르다는 생각이 들었습니다. 단순한 자살, 서거 문제가 아니라 이후 앞으로 엄청난 후폭풍이 몰아칠 것이라는 예감이 들었습니다. '이곳은 성지가 될 거야, 그 추모자들로부터.' 그 순간 '아닌 말로 여기서 잘못 나팔 불었다가는 살아서 나가지도 못하겠구나. 더도 말고 덜도 말고 현장 상황과 모습을 그대로 드라이하게 방송하자.'며 마음을 다잡았습니다.

무사히 방송이 끝나고 다음날 다시 그 바위 앞에 서 보았습니다. 어제 저녁보다 훨씬 더 선명하게 느껴졌습니다. 검은 이끼가 군데군데 붙어있는 짙은 암갈색의 약간 경사 진 수직에 가까운 암벽! 그 곁으로는 좁다란 등산로가 나 있었습니다.

'왜? 도대체 왜?'

부엉이 바위는 말이 없었습니다. 귓가엔 부엉이 울음소리 같은 슬픈 여운만이 감돌았습니다.

"정치를 하지 말라. 정치에 발을 들여놓으면 반드시 후회를 하게 된다."

 그가 예견했던 대로 정치는 전직 대통령이기에 앞서 한 인간의 생애를 돌이킬 수 없는 파멸의 길로 내몰고 말았습니다. 저편 바위 턱에서 부엉~ 부엉~ 하는 못다 푼 한의 곡조가 들려오는 듯했습니다.

 이 땅! 우리의 졸렬하고 저속하고 비열하고 음흉하고 모리배, 양아치 같은 정치의 수준과 현실을 원망하는 한스런 울부짖음이었습니다. 왕조를 피로 물들였던 사색당파의 모진 악의 근성의 뿌리가 이리도 깊은지, 하늘도 슬픈 잿빛 얼굴을 하고 있었습니다.

동여비고 動輿備攷
- 다시 쓰는 고대사

90년대 말 어느 날로 기억됩니다. 경남 양산에 계시는 스님으로부터 아주 귀중한 지도가 있다는 연락이 왔습니다. 찾아보니 동여비고動輿備攷란 이름의 고지도였습니다.

경북대학교 문헌정보학과 남권희 교수에게 자문을 구하니 김정호의 대동여지도보다 무려 100년 이상 앞선 귀중한 사료라는 것입니다. 고증 결과 가로 35cm, 세로 47cm 크기에 총 52면 120장으로 된 이 고지도는 영조 36년인 1760년에 제작된 것으로 추정돼 1866년에 제작된 김정호의 대동여지도보다 106년이 앞선다는 것입니다.

우리의 지리사를 다시 쓰고 고대사를 밝힐 획기적인 사료라는 것입니다. 놀라운 것은 삼한시대부터 삼국시대, 조선시대 등 시대

별로 전도가 그대로 수록돼 있다는 것입니다. 어찌 측정했는지 당시 서울에서 수원, 서울에서 경주 등 지역과 지역 간의 거리까지 상세하게 표기돼 있습니다.

역사학계에서 그토록 나타나기를 바랐던 압록강 유역의 한사군의 강역이 밝혀져 있고, 백두산 북쪽의 만주 일대 땅과 심지어 남해의 대마도까지 고대 우리 땅으로 기록돼 있습니다. 동해안의 두 개의 섬 역시 무릉도와 울릉도로 표기돼 우리 땅임을 명학하게 밝히고 있습니다. 한국지리사와 고대사를 새로 써야할 귀중한 사료! 정말 가슴 벅찬 일이 아닐 수 없었습니다.

경북 의성지방에는 한여름에는 시원한 바람과 얼음이 얼고, 한겨울에는 따뜻한 바람이 나오는 얼음골이 있습니다. 200년이 훨씬 지난 이 지도에도 빙혈氷穴이라며 당시 빙계 계곡이 있음을 자세하게 기록해 놓고 있습니다. 동여비고의 당시 기록과 지금 남아있는 현장 답사를 통한 비교, 대조를 통해 그해 8월 말 SBS 8시 뉴스의 톱으로 보도했습니다. 당시 전용학 앵커도 흥분된 목소리였습니다. 그리고 특종상도 받았습니다. 경북대학교는 이 동여비고를 영인본으로 제작해 전국 대학교 도서관에 보급하기도 했습니다.

오랜 시간이 흐른 뒤에 이 동여비고는 보물 제1596호로 지정되었음을 스님으로부터 다시 전해 들었습니다. 비록 10여 년의 세월이 흘렀지만 보물로 지정되었다는 소식에 다시 한 번 감회가 벅찼습니다.

문제는 우리의 역사에 대한 인식과 이를 받아들이는 태도입니다. 학문을 탐구하는 학자적인 양식의 문제라고도 할 수 있습니다. 분명 소중한 이 고지도에서 분명하게 압록강 이북 만주 벌판까지가 우리의 강역임을 밝히고 있는데, 우리는 지금까지도 애써 외면하고 있습니다. 김정호의 대동여지도보다 오히려 더 앞서고 더 상세하게 기록되어 있는데도 우리는 이를 애써 등한시하고 있는 것입니다. 한번 기록된 역사, 한번 우상화된 역사적 사실은 새로운 사실이 밝혀지더라도 다시 수정할 수 없다는 것이 우리 학계의 양식인지 되묻고 싶습니다.

　이순신 장군의 거북선만 해도 그렇습니다. MBC 기자 시절 9시 뉴스데스크를 통해 거북선은 이순신 장군이 고안한 것이 아니라는 사실을 보도한 적이 있습니다. 역시 특종상을 받았습니다.
　거북선은 이순신 장군이 고안하신 것이 아닙니다. 임진왜란 당시 이순신 장군이 거북선의 원 도면을 보고 최초로 거북선을 제작해 해전에 처음 활용하셨던 것입니다. 최초 건조 및 해전의 응용자였던 셈입니다.
　거북선은 퇴계의 문하생이던 후손이 최초로 고안한 것입니다. 당시 이순신 장군의 형 이요신이 임진왜란 직전에 안동 퇴계선생의 문하에서 이분과 잠시 동문수학한 적이 있었습니다. 이때 형 이요신을 통해 동생이 무인이니 나중에 나라가 위급할 때 활용하라며 도면을 건네줬던 것입니다.

그 역사적인 물증으로 퇴계선생의 후학 문집을 보면 거북선 모형이 그대로 수록되어 있고 만드는 법까지 간략하게 설명되어 있습니다. 거북선 갑판에는 뾰족한 쇠침을 박아서 적이 쉽게 배에 오르지 못하게 하고, 가까이 다가오면 철타鐵打 즉, 쇠도리깨로 내려치도록 하라고 기록되어 있습니다. 아산 현충사에는 쇠도리깨가 보존돼 있는 것으로 알고 있습니다.

안동 국학진흥원에는 후손이 기증한 거북선이 새겨진 목판본이 지금도 현존해 오고 있습니다. 거북선 실측 도면이 존재했었던 사실을 알고 1년여 가까이 추적했지만 끝내 찾지 못했습니다. 이미 소실되고 없었습니다.

그런데도 우리는 역사적인 진실을 외면하고 있습니다. 왜곡된 사실을 방치하고 있습니다. 결코 위대하신 이순신 장군을 폄하하기 위해서가 아닙니다. 잘못 기록된 역사적 사실은 당당히 밝혀 다시 바로잡아 알리는 것이 학자적인 양심이자 후손된 도리로서 그분들을 욕되게 하지 않는 길이라는 생각에서입니다.

자기 집안 검열과 쇄신도 기피하는데 어찌 남의 집, 남의 나라 탓만 할 수 있겠습니까? 남의 눈에 티끌을 탓하기에 앞서 제 눈의 대들보부터 직시하는 역사의식이 절실하다고 생각합니다.

세종대왕 친필
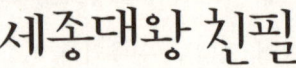
― 어사희우정

2005년 SBS 8시 뉴스를 통해 세종대왕 친필 글씨를 보도한 적이 있습니다. 무려 3꼭지에 걸쳐 보도를 했습니다. 고문서의 제목은 〈御賜喜雨亭 孝寧大君房〉입니다. 2×3cm 크기의 해서체 글씨에 모두 10장에 달하는 문서입니다.

세종 즉위 7년인 1425년 4월, 세종대왕이 가뭄이 극심해 기우제를 지낸 뒤 당시 합강정 즉, 오늘날 한강변에 정자를 짓고 유유자적하고 있는 형님 효령대군을 방문했습니다. 두 형제분이 "날이 워낙 가물어 백성들이 매우 힘들어하는데 한줄기 비라도 시원하게 뿌렸으면 좋겠다."라며 이런저런 덕담을 나누던 중 때마침 비가 쏟아졌습니다. 이에 세종대왕께서 너무나 기쁜 나머지 "이는 어지신 형님의 덕분"이라며 비가 와서 기쁘다는 의미의 '희우정'이라는 현판과 함께 그 덕을 칭송하는 친필 글을 하사하셨습니다. 이 글에는 형님이 평생토록 편안하게 사실 수 있도록 한강 일대의 모든 세수를 모두 형님에게 바치도록 하라는 내용도 있습니다.

서책의 말미에는 "국왕인 동생 도가 쓰다."라는 휘호가 쓰여 있습니다. 국왕인 동생 도! '도'는 어릴 적 세종의 이름으로서, 왕이기에 앞서 형님의 동생이라는 세종대왕의 겸손하고 어지신 마음을 엿볼 수 있는 귀중한 사료이기도 합니다. 이에 감읍해 효령대군이 손자 심원에게 내리는 글이 있습니다. "어지신 세종대왕께서 '합강정'을 방문하시고 이런저런 연유로 '희우정'이라는 현판과 함께 친필 글을 내리시었으니 후손들은 두고두고 그 뜻을 길이 받들어 보존하라."는 내용의 글입니다. 그리고 성종 년대에 이 같은 내용을 목판으로 새겨서 보존토록 한 '내사완문'과 그 목활자가 고스란히 보존돼 있습니다.

문제는 과연 이 귀중한 문서가 세종의 친필 글씨가 '맞느냐? 아니냐?' 하는 것입니다. 지금까지 성군으로 받들어 모시면서도 세종대왕의 친필글씨는 단 한 점도 전해오고 있지 않기에 더욱 논란의 여지가 글 수밖에 없습니다. 다만 이 씨 종가에 전해오는 "家傳忠孝 世守傳家"라는 8글자가 세종대왕의 유일한 글씨라는 것으로 알려져 있을 뿐입니다.

한 시인으로부터 이러한 사실을 제보 받았을 때의 흥분된 가슴은 아직도 생생하게 기억납니다.

'대 특종이다. 철저하게 고증을 하자!'

고증을 위해 수소문을 한 결과 전 문화재 위원이시자 서지학의 대가인 천혜봉 박사님께 자문을 구하게 되었습니다. 팔순의 연세이시지만 천 박사님의 목소리는 쇳소리가 날 정도로 정정했습니다. 박사님의 끊임없는 열정이 고스란히 묻어났습니다.

고증을 청했습니다. 종이의 연대 측정을 위해 강원대학교 제지공학과에 서책의 섬유질 분석을 의뢰하고, 역사적인 기록과 효령대군의 인장 등 무려 1년 여에 걸친 고증 작업 끝에 세종대왕과 효령대군의 친필 글씨가 맞다는 최종 결론이 내려졌습니다. 천 박사님은 지금까지 내 필생의 가장 위대한 작업을 끝냈다며 감격하셨습니다. 인터뷰를 하고 전후 관계를 밝혀 8시 뉴스 톱으로 3꼭지로 정리해 보도했습니다. 수많은 댓글이 달리고 위대한 발견이라며 다들 기뻐했습니다. 많은 타 언론사가 기사를 받아썼고 개인적으로는 특종상도 받았습니다. 천 박사님은 이 연구 논문을 책으로 만들어 배포하고 싶다고 하셔서 책으로 출간했습니다. 그리고 여러 문화재 위원과 관계자, 도서관에도 널리 배포했습니다.

마지막으로 이 귀중한 서책을 그냥 묻어 둘 것이 아니라 문화재로 지정받는 문제가 남았습니다. 문화재로 지정받자면 우선 전문위원이 1차로 출처 조사와 함께 문서의 기본적인 사항을 조사해서 그 의견을 문화재 위원회에 제출하도록 돼있습니다. 이 1차적인 조사위원이 모 대학교의 한문학 교수였습니다. 한문에는 달통했을지 모르지만 서지학 분야는 전공이 아니다 보니 제대로 알기가 어려운 것이 사실입니다. 그런데 이 조사위원 분이 문서의 제목과 몇 가지를 검토하고는 대뜸 엉뚱한 결론을 내렸습니다. 후대에 베껴서 다시 쓴 필사본이라는 것입니다. 또 〈어사희우정 효령대군방〉이라는 제목 자체부터가 전혀 맞지 않는다는 것입니다. 말하자면 임금 자신이 글을 내리면서 어찌 "어사"라 하느냐는 것입니다.

더욱 이상한 주장은 효령대군이 손자 심원에게 글을 전하는데 무슨 〈효령대군 친필전문〉이라는 제목을 붙이느냐는 것입니다. 그러니 더 이상 검토하고 말 것도 없다는 것입니다. 아! 참으로 안타까운 순간이었습니다. 물론 책의 소장자로서는 굳이 문화재로 지정받을 필요도 없는 것입니다. 진실이면 그만인 것입니다. 하지만 위대한 세종대왕의 친필 문서가 한 개인의 짧은 소견으로 인해 널리 알려지지 못하고 묻혀버릴 수 있다는 사실에 안타까움을 금할 수가 없었습니다.

수많은 서지학자들과 관계 전문가들에게 다시 자문을 구하니 당시의 궁중 문서의 기본 양식이 그런 것인데도 전혀 알지 못하는 것이 개탄스럽다는 반응이있습니다. 뒤에야 밝혀진 사실이지만 천 박사와 이분과의 사이는 그야말로 유쾌(?)하지 못한 관계였습니다. 천 박사님은 서지에 대한 이분의 지식을 초보적인 수준으로 생각하셨고, 이분은 그런 천 박사님을 못마땅해 했다는 전언입니다.

서책의 소장자도 엉뚱한 논란에 휘말리기 싫다며 문화재 지정은 받아도 그만, 받지 않아도 그만이라며 그냥 소중하게 간직하고 싶다고 했습니다. 청사에 길이 빛나야 할 국보가 그냥 가보로 묻혀야 하는 현실이었습니다. 우리 문화계의 현실이 바로 이런 것입니다. 과거에도 그렇고 지금 또한 그렇습니다.

세종대왕 친필문서 관련 보도 후 받은 뉴스 특종상

학맥과 인맥이 뿌리박혀 있어서 내 편이 발굴해낸 것이 아니면 아무리 귀중한 문화재라도 헐뜯고 비하하는 것은 기본이고, 심지어 가짜가 진짜로 진짜가 가짜로 둔갑하기 일쑵니다. 제가 수많은 문화재를 발굴, 취재하면서 두 눈으로 똑똑히 목도한 현실입니다.

〈몽류도원도〉를 그린 안견의 새로운 작품이 나왔을 때 벌어진 진위 논쟁도 그런 맥락입니다. 사적인 감정이 겹치면서 법정으로까지 비화했습니다. 사사로운 감정과 학맥에 의해 우리의 소중한 문화재가 재대로 평가받지 못하고 호도된다면 이것은 문화재 이전에 민족 문화의 서글픈 운명치고는 너무나도 불행한 현실입니다. 학문에 대한 개인적인 권위와 학맥이 중요한가? 진실이 중요한가? 문화 예술계에서만이라도 이런 폐단이 말끔히 사라졌으면 합니다.

잃어버린 국보
- 남명천화상송증도가

1988년 6월 어느 날이었습니다. 안동초등학교 교감이자 서지학 분야에 내로라하는 박 모 선생님으로부터 경천동지할 취재거리가 있다며 연락이 왔습니다. '남명천화상송증도가南明泉和尙頌證道歌'라는 고문서였습니다.『송증도가』는 당나라 승려 현각이 지은 선종의 지침서로, 송나라 남명선사 법천이 각 구절마다 그 뜻을 구체적으로 밝힌 서책입니다. 이 책은 고려 고종 26년 즉, 1239년에 최이崔怡가 이미 간행된 금속활자본을 견본으로 삼아 다시 새긴 목판본만이 유일하게 전해오고 있을 뿐입니다. 1984년 보물로 지정되어 현재 삼성출판사가 소장하고 있습니다.

박 선생님의 말씀은 자신이 발견한 이 고문서가 바로 1239년 목판본 이전에 간행된 금속활자본이라는 주장이었습니다. 만약에 박 선생님의 주장이 맞는다면 그야말로 세계 역사를 뒤흔들 일이 아닐 수 없습니다. 이 고문서가 서양의 최초 금속활자로 알려진 쿠텐베르크는 물론 이보다 77년이나 앞선 것으로 알려진 세계최초 금속활자본인 '직지심경'보다도 무려 138년 이상 앞선, 그야말로 세계 최초의 금속활자본이기 때문입니다. 문제는 '이 고문서가 과연 금속활자본이 맞느냐?' 하는 것이었습니다.

박 선생님은 틀림없는 금속활자본이라며 여러 가지 이유를 설명했습니다. 그간 나름으로 준비한 자료와 학계의 의견을 증거로 제시했습니다. 당시 서지학계에서는 금속활자본이 틀림이 없다는 주장이 대세였지만 일부에서는 목각본이라는 주장도 있었습니다. 그래서 보다 철저한 정밀 고증작업이 필요했습니다. 문서의 활자 하나하나를 크게 확대해서 인쇄활자본인지 목각본인지 일일이 기존의 목각본과 대조작업을 벌였습니다. 한편으로는 충주에서 고 인쇄박물관을 운영하며 금속활자 복원의 최고 권위자라 할 수 있는 오국진 선생님께 자문을 구하고 활자 복원 작업을 의뢰했습니다. 오 선생님 역시 틀림없는 금속활자본이라는 의견을 주셨습니다.

그 중요한 근거로 첫째가 한 일一자의 글자의 앞뒤 즉, 잠두가 뒤바뀌어있다는 것입니다. 둘째는 날 일日자의 글자가 위아래로 뒤집어져 있다는 것입니다. 그리고 세 번째로는 한자의 획이 복잡한 글자는 찌그러져 있다는 점입니다. 글자의 줄도 고르지 않고 약간 들쭉날쭉했습니다. 이 밖에도 4가지 사항이 더 있었습니다. 목활자로 새겼다면 글의 앞뒤가 바뀌거나 날 일자가 뒤집어지는 등의 현상이 절대 있을 수가 없다는 결론이었습니다.

그렇게 당시 88년 7월 5일 MBC 뉴스데스크를 통해 '세계 최고의 금속활자본 발견'이라는 내용으로 단독 보도했습니다. 물론 특종상도 받았습니다. 그리고 학계에서 엄청난 반향을 일으키면서 공식적으로 학술토론회를 열기로 했습니다. 어찌 흥분하지 않을 수 있으랴! 우리의 정신문화를 온 세계에 알리고 드높일 수 있는 계기인데 말입니다. 보도했던 저 역시도 세계최초의 금속활자본을 발굴 보도한 기자라는 자부심에 가슴이 뿌듯하고 스스로가 무척 자랑스러웠습니다.

박 선생은 서울에서 학술대회가 열리기 약 일주일 전쯤에 이런저런 토론회 준비와 지인들도 만날 겸해서 미리 서울로 올라가신다고 했습니다. 그런데 토론회가 열리기 바로 하루 전 박 선생으로부터 다급한 전화가 걸려왔습니다. "남 기자!" 하고 외마디만 부르시고는 말을 잇지 못했습니다. 흐느끼고 계셨습니다.

자초지종인 즉 미리 올라가셔서 인사동 부근 여관에 숙소를 정하고는 평소에도 술을 좋아하시는지라 이날도 술 한잔을 하시고 숙소로 돌아와 보니 고문서가 감쪽같이 없어졌다는 것이다. 누군가가 와서 박 선생이 가져오라고 한다기에 여관 주인이 그만 그 말을 믿고 건네주었다는 것입니다.

마른하늘에 날벼락이 내려도 어찌 이런 낭패가 있으랴. 나 역시 분노가 치밀어 올랐습니다. 이대로 그냥 두고만 있을 수 없다는 생각이 들었습니다.

'실의에 빠진 박 선생님의 처지도 그랬지만 이것은 국보 중의 국보가 아닌가!'

해외로 밀반출될 수도 있다는 생각이 번쩍 들었습니다. 그래서 저간의 사정을 언급하며 '잃어버린 국보'라는 꼭지로 다시 집중 보도를 했습니다. 당시로서는 거액인 상금 천만 원을 내걸고 공개적으로 제보자도 찾았습니다. 그러나 안타깝게도 오리무중이었습니다. 수년간 수소문했지만 허탈할 뿐이었습니다. 진위 여부를 떠나서 저는 지금까지도 그 문서가 다시 나타나기를 간절히 바라고 있습니다. 해외로 밀반출되지만 않았다면 언젠가는 반드시 나타나리라고 확신하고 있습니다. 그리고 아직도 제 가슴에는 '왜 그랬을까? 누가? 왜? 무엇 때문에 훔쳐갔을까? 도대체 왜?'라는 끝없는 의문뿐입니다.

그 답은 훔쳐간 자만이 알고 있을 것입니다. 그리고 안타깝게도 박 선생님이 실의와 울분의 나날을 보내시다가 그만 돌아가셨다는 슬픈 소식을 들었습니다. '보도했던 나 자신도 그러한데 직접 일을 당하신 당신의 심경이야 오죽했으랴!'

우리의 소중한 문화유산에 대한 인식이 빛을 잃어가는 풍조 속에 꼭 이 문서가 다시 나타나 문화 민족의 정기와 긍지를 되살렸으면 하는 바람이 간절합니다.

한국현대사 증언
- 코리아게이트 박동선

이제는 세간의 기억 속에서 완전 잊혀진 사건입니다.

박동선 사건은 1976년 10월 24일, 미국의 《워싱턴포스트》지가 "박동선이라는 한국인이 한국정부의 지시에 따라 연간 50만 달러에서 100만 달러의 현금으로 90여 명의 미국 국회의원 등 공직자를 상대로 매수공작을 했다."라고 대서특필하면서 비롯됐습니다.

이후 코리아게이트로 명명되면서 '한국정부의 사주에 의한 것인가, 아니면 박동선 개인의 이익을 위한 로비사건이냐'를 놓고 무려 3년간이나 지루한 공방을 벌이면서 한미 관계가 최악의 상황으로 치달았습니다.

박동선은 당시 10대 재벌이던 미륭 상사의 막내아들로 6·25전쟁 당시 미 군용기를 타고 미국으로 유학을 갈 정도로 부유하게 자랐습니다. 미 조지타운 타운 대학에서 수학하면서 미 역사상 처음으로 한인 학생회장에 당선된 입지전적인 인물입니다. 그의 탁월한 친화력과 대학 동창들의 인맥을 바탕으로 미 정계에서 거물로 성장했던 것입니다.

당시 아시아를 둘러싼 국제정세는 복잡했습니다. 미국의 월남전 패망과 닉슨의 괌 독트린, 카터 정부의 주한미군 철수로 촉발된 박정희 대통령의 안보 위기와 한미 갈등, 주한미군 철군론을 잠재우기 위한 박 정권의 절체절명의 대미 로비의 필요성이 절실했던 시기였습니다.

이때 미궁에 빠진 대미관계의 회복을 위한 로비스트로 등장한 인물이 바로 박동선이었습니다. 코리아게이트의 주역이자 산증인이었습니다. 그래서 박 대통령과의 만남과 비선 외교, 쌀 중개 무역의 이권 개입 과정과 대미 의회 로비의 진실, 김형욱과의 만남과 금전 거래 관계, 미 정보기관의 청와대 도청 사건 폭로와 박 대통령의 분노 등 당시 사건의 진실을 들어보기 위해 그를 만났습니다.

박동선 사건의 알려지지 않은 이면에는 당시 주한 대사였던 하비브와 박동선의 개인적인 워싱턴 정계 인맥을 둘러싼 시기와 갈등이 있었습니다. 미국의 원조를 받는 가난한 나라에서 미 고위층이 한국을 국빈 방문할 때마다 정작 주미 대사는 소외되고, 박동선이 나타나 휘젓고 다니니 하비브로서는 괘씸하고도 얄미울 수밖에 없었던 것입니다.

미국에서 생활하는 줄 알았는데 뜻밖에도 그는 한국에 머무르고 있었습니다. 그와의 첫 만남은 한남동 제일기획 빌딩 옆 4층 건물의 2층에 위치한 'Parkington'이라는 그의 개인 사무실이었습니다. 사무실 내부는 한국풍으로 꾸며져 있었고 중국의 보이차 찻잔인 자사호가 많이 놓여져 있었습니다.

그는 짙은 회색정장에 즐겨 쓰던 갈색의 선글라스를 꼈습니다. 한 시대를 풍미했던 풍운아답게 칠순을 넘은 나이였지만 용모는 고왔습니다. 열정적이고 용의주도하며 섬세한 인물이라는 느낌이 짙게 풍겼습니다.

하지만 그 누구도 세월을 비껴가지는 못했습니다. 시간이 흐르면서 차분하고 침착했던 그의 목소리에 지친 기운이 역력했습니다. 애써 감추려했지만 가끔씩 손도 떨렸습니다. 과거의 영화를 회상하는 대목에서는 생기가 되살아나 목소리에도 힘이 실렸습니다. 어쩌면 인간은 과거를 먹고 산다는 말이 어느 정도는 일리가 있는 것 같았습니다. 가난한 조국을 위해 자신은 혼신의 힘을 다해 로비를 했는데 결국은 버림을 받았다는 게 그의 회한이었습니다.

박동선 회장편의 마지막 녹화는 그가 일본을 다녀오는 관계로 1주일 늦춘 새해 1월 19일 오후였습니다. 마이크 앞에 다가앉은 박 회상의 얼굴은 마치 입사 시험을 보는 수험생인 양 초조함이 느껴졌습니다. 무언가 할 말은 많은데 다하지 못해 답답해하는 느낌, 세상 사람들에게 잊혀 가는 것이 안타까운 그런 표정, 자신을 드러내 보이고 싶어 안달하는 그런 모습이 느껴졌습니다. 꿈틀거리는 인간의 욕망이랄까? 아직도 세상 사람들이 아! 하고 알아줬으면 하는 욕망의 굴레. 그는 그런 굴레에서 아직도 벗어나지 못하고 있다는 생각이 들었습니다. 한 시대를 풍미했던 그가 어찌 지금과 같이 초라한 자신의 모습을 상상이나 했을까?

마지막 질문이 이어졌습니다. 의외로 그는 평생 독신이었습니다. 다시 인생을 산다면 지금 걸어온 길과 같은 길을 다시 밟고 싶은지에 대한 대답은 뜻밖이었습니다. "다시 태어난다면 자신이 진정으로 사랑하는 아내를 만나서 자신을 꼭 닮은 아이를 낳아 행복한 가정을 꾸리고 싶다."라고 했습니다.

결혼과 가정다운 가정을 꾸리는 것! 이제까지 그와 나눈 대화 중 가장 순수하고 가장 인간적인 모습이었습니다. 아! 나이가 들면 외로움을 느끼고, 더욱 그리워지는 게 혈육의 정. 추운 한겨울 밤, 언 몸과 마음을 따뜻하게 녹여주고 감싸줄 수 있는 온돌방의 아랫목 같은 온기가 있는 가정! 아마 그런 한국적인 가정이 이국생활 내내 그리워했던 것 같았습니다.

그 어느 영웅호걸도 세월 앞에는 장사가 없습니다. 부와 명예와 지위나 그 어떤 권세도 지나가는 한때의 뭉게구름에 불과합니다. 망각은 어쩌면 어리석은 인간의 유일한 특권인지도 모릅니다.

돌아서는 발길이 내내 무거웠습니다. 고장 난 시계 바늘처럼 인생을 다시 되돌릴 수는 없을까? 하는 부질없는 상념이 내내 머리를 떠나지 않았습니다.

관조하는 삶! 바로 지금 여기 이 순간에 내게 주어진 단 한 번뿐인 고귀한 생의 시간이 헛되지 않게 늘 감사의 기도를 올리며 가식 없는 삶을 살아야겠다고 새삼 다짐에 또 다짐을 해봅니다. 그리고 박동선 회장님의 건강과 행복을 기원합니다.

한국현대사 증언
– 박동진 전 외무부 장관

　박동진 전 외무부 장관을 처음 뵙게 된 것은 2009년 11월 초겨울 어느 날 오후 서울 서초동 한국외교협회사무실이었습니다. 〈SBS 특별 기획 – 한국현대사 증언 편〉을 녹음하기 위해서였습니다.
　엷은 겨울 햇살이 스며드는 창가에 앉으신 모습이 학처럼 단아했습니다. 4년 9개월간 우리나라 역대 최장수 외무장관을 한 인물입니다. 이승만 대통령 시절 경무대 비서로 관계에 발을 디딘 이후 박정희, 최규하, 전두환, 노태우 대통령에 이르기까지 무려 다섯 대통령을 모신 그야말로 격동기 한국 외교의 한복판에 계셨던 산 증인입니다. 인터뷰 당시 88살의 미수의 연세. 다소 연로하신 기력이 엿보이긴 하지만 노신사답게 참으로 곱게 늙으셨습니다.
　간단한 인사가 끝나고 녹화가 시작되자 느릿느릿 증언이 시작됐습니다. 기억은 팔순의 나이를 거슬러 청년시절로 올라갔습니다. 이승만 대통령의 비서로 인연을 맺게 된 과정에서부터 프란체스카 여사의 비서실장을 능가하는 국정 간섭, 요즈음으로 치면 그 흔한 임명장 하나 없이 장·차관을 구두로 임명하던 암울했던 시절. 그리고 이 박사를 모시고 피난길에 올라 부산 관사에서의 생활에 이르기까지 기억의 강물을 거슬러 증언이 이어졌습니다.

들릴 듯 말 듯 때론 회한으로, 때론 유쾌함으로 이어지는 나지막한 음성 너머로 내내 풀리지 않은 의문이 도사리고 있었습니다. 도대체 어떤 인물이기에 그렇게 오랫동안 관계에 머물 수 있었던 것일까? 어떻게 처신했기에 정권이 바뀌어도 변함없이 중용됐을까? 그 비결이 궁금했습니다. 2차, 3차 증언이 이어지고 계속 만남이 이어지면서 나름의 해답이 떠올랐습니다. 한마디로 사심이 없는 공직 생활관이었습니다. 결코 자리에 연연하지 않았던 것입니다. 길이 아니면 언제건 떠날 준비가 되어 있었습니다. 그리고 극도로 신중한 처신에다 일에 대한 확신에 찬 자신감이었습니다.

어느 날 박 대통령이 차나 한잔하자며 불러서 당시 영애였던 근혜 양의 배필을 외무부 직원 가운데서 추천해 달라며 그 사람에 대한 조사는 박 대통령 자신이 직접 하겠다며 부탁했던 얘기, 육 여사 서거 이후 흔들리며 외로워했던 박 대통령의 모습, 부하 직원 부부의 결혼기념일까지 잊지 않고 챙겨줬던 박 대통령의 숨겨진 따뜻한 인간미, 카터 행정부의 주한 미군 철수와 한국의 안보를 위한 필사적인 핵 개발 의지, 이를 둘러싼 한미 간의 갈등 등 순간순간 위기의 고비마다 신중에 또 신중을 기하는 용의주도한 인물이었습니다. 옳지 않은 길은 그 어떤 경우라도 적당한 구실을 대서 하지 않을 수 있도록 처신했습니다. 그럴 때마다 책임지고 용퇴하겠다는 배수진을 쳤습니다.

아첨과 아부로 일관하는 처신의 달인들과는 사뭇 남다른 처신을 했습니다. 길이 아니면 가지를 말고 말이 아니면 듣지를 말라고 했던가! 옛 성현의 말씀을 새삼 되돌아보게 하는 인물이었습니다.

짧은 순간이지만 내 눈에 비친 박동진 전 외무부 장관의 최장수 장관 비결은 그렇게 느껴졌습니다. 인터뷰가 끝나고 방송이 나간 이후 유일하게 고맙다는 친필 편지를 보내온 인물이기도 했습니다. 박동진 전 외무장관님의 장수무병을 거듭거듭 빌어봅니다.

한국현대사 증언
- 이만섭 국회의장

한국현대사 증언 세 번째 인물은 이만섭 전 국회의장이었습니다.

이만섭 전 국회의장은 동아일보 기자출신으로 31살에 최연소 국회의원이 되어 정계에 입문, 8선의 국회의원과 2번의 국회의장 역임, 이승만 자유당 정권에서부터 박정희, 전두환, 노태우, 김영삼 김대중, 노무현 정부에 이르기까지 무려 5명의 대통령을 지근거리에서 지켜본 산 증인이자 풍운아였습니다.

그가 가장 존경하는 대통령은 박정희 대통령이었습니다. 비록 유신의 총탄에 쓰러졌지만 국가와 민족을 위한 사심 없는 사명감만큼은 사생결단의 우국충정이 서려 있었다고 증언했습니다.

전두환 대통령은 나서기를 좋아했고 다변가였다고 했습니다. 듣기보다는 말하기를 좋아했고 결단력과 추진력만큼은 그 누구도 따를 수 없다고 했습니다.

노태우 대통령은 우유부단하다는 평가 속에 물태우라는 평판까지 있었지만 모르는 소리라는 것입니다. 물이 바위를 뚫듯이 속내는 무서울 정도로 강했다고 합니다. 거미가 줄을 쳐 놓고 먹잇감을 기다리는 것처럼 인내심만큼은 타의 추종을 불허했다고 평했습니다.

김영삼 대통령은 역시 공과가 있지만 목표를 향한 집념은 가히 병적일 정도로 강했고 자신에게 도전하는 자만큼은 절대 용서하지 않는 잔인함을 숨기고 있었다고 했습니다.

김대중 대통령은 어느 정치인보다도 몇 수 앞을 내다보는 탁월한 선견지명이 있다고 했습니다. 다독으로 전문적인 식견을 갖추고 타의 추종을 불허하는 논리와 언변의 소유자였다는 평입니다.

어쨌건 그의 정치인생 52년! 이미 증언을 타진했을 때부터 느꼈지만 확실히 그는 여느 정치인과는 느낌이 달랐습니다. 솔직담백했습니다. 그리고 직설적이었습니다. 꾸밈이나 가식이 없었습니다. 그렇기에 그의 얼굴에서는 대부분의 정치인에게서 느껴지는 욕심이 덕지덕지 눌어 붙은 노추의 흔적이라고는 찾아볼 수 없었습니다. 추악하고 모사가 판치는 정치판에서 50여 년간 온갖 영욕을 맛보았을 노 정객에게서 말입니다.

해맑고 순수했으며 유쾌했습니다. 기억력도 정확했습니다. 사건의 이면에 얽힌 비화도 거침없이 털어놨습니다. 튀고 싶어 하는 듯한 언행이나 충동적인 모습이 가끔씩 드러나긴 했지만 남보다 더 잘났다는 그런 인식에서 비롯된 언행은 아니었습니다.

　노욕이 없는 삶! 그를 인터뷰하면서 내내 사람은 늙을수록 아름다워야겠다는 생각이 들었습니다. 만고풍상을 겪은 고목이 무더운 한여름, 짙은 그늘을 드리우며 고단한 나그네의 쉼터가 되듯이 우리의 인생도 나이를 더할수록 더욱 지혜의 깊이를 더해서 목마른 사람들의 샘이 되어야 하지 않겠나 하는 느낌이 간절했습니다.

　스스로 온몸을 태워서 아름다운 향기를 전하는 초처럼 나도 그런 삶의 향기를 뿌리고 싶습니다. 생선을 싼 종이에서는 비린내가 나고 향을 싼 종이에서는 향내가 난다고 했습니다. 나에게로 이웃들에게로 향기 나는 그런 사람이 되고 싶습니다. 이 자리를 빌려 이만섭 전 국회의장님의 만수무강을 기원합니다.

이만섭 전 국회의장님과 저자

한국현대사 증언
– 권노갑 전 민주당 고문

　한국현대사 증언 프로그램을 맡고 가장 큰 어려움은 인물섭외였습니다. 이만섭 전 국회의장 편을 끝내고 섭외한 분은 바로 한승헌 변호사로 김대중 정권의 감사원장을 지냈던 분입니다.
　이분 다음으로 섭외한 분은 권노갑 전 민주당 상임고문입니다. 민주당 상임고문이라는 직책이 어색하게 들릴 정도로 그는 DJ의 분신이자 그림자요, 비서실장이자 제1인자였습니다. 비행기를 타고 가다가도 DJ가 부르면 뛰어내릴 정도라 할 만큼 충성적인 인물이었습니다. 그렇기에 DJ 서거 이후 DJ라는 역사적인 거물에 대한 증언을 들어야 하는데 이휘호 여사가 난색을 표해 바로 다음으로 접촉했던 인물이 바로 권노갑 고문이었습니다.
　과연 증언에 응할까? 반신반의하면서 접촉해 보니 의외로 긍정적이었습니다. 한두 차례 고사 끝에 드디어 녹음날짜가 잡히고 첫 대담이 시작됐습니다. 어떤 인물일까? 도대체 권노갑이란 인물은 어떤 연유로 주군 DJ에 대한 충성이 그토록 강렬했을까? 하는 의문이 한시도 뇌리를 떠나지 않았습니다.

그는 일흔을 훨씬 넘긴 나이지만 정작 60대를 조금 넘긴 듯한 건강한 모습이었습니다. 깔끔한 인상에 미남형의 동안이었습니다. 복싱 선수로 활동했을 정도로 운동으로 다져진 몸이다 보니 2시간 가까이 진행된 인터뷰에도 지친 기색이나 흐트러진 모습 하나 없었습니다.

인터뷰가 이어지면서 그의 진면목이 조금씩 드러나기 시작했습니다. DJ와의 첫만남 과정에서부터 인생 역정을 증언하기 시작했습니다. 솔직히 말하자면 참으로 용의주도한 인물이라는 생각이 들었습니다.

김대중! 그도 인간이기에 실수가 있었을 것입니다. 때론 인간적인 좌절과 방황 그리고 극도의 절망감으로 흐트러진 모습 등 부정적인 측면도 분명 많았을 터인데 그런 진술은 하나도 없었습니다. 언제나 주군 DJ의 완벽한 모습만 증언했습니다.

철저하게 준비하고 공부하고 실수 하나 용납하지 않는, 완벽을 추구하는 인간형! 그것이 권노갑이었습니다. 주군에 대해 단 한 번의 원망도 비난도 없는 그의 일관된 충성심 앞에 감탄을 넘어 일말의 연민마저 느껴졌습니다. "나는 죽어서라도 꼭 그분을 만나 뵙고 싶다."라고 한 칠순이 넘은 노정객의 주저 없는 마음에 연민 저 너머로 형언할 수 없는 경외심이 내비쳤습니다.

누가 뭐래도 주군 DJ의 인품이 있었기에 권노갑의 충성심이 있었고, 권노갑의 충성이 있었기에 주군 DJ의 총애가 있었지 않았겠는가! 두 사람은 생사의 고비를 여러 차례 넘나든 험한 정치역정에서도 서로가 서로를 위해 목숨 걸고 믿고 사랑하고 아껴주는 동지였기에 참으로 행복한 주군과 심복이었다는 생각을 지울 길이 없었습니다. 더군다나 배신과 음모, 모함을 밥 먹듯이 하는 정치판에서 말입니다. 그 밑바탕은 무한한 믿음과 신뢰 그리고 인간애와 사랑이었습니다.

여기 어디 그런 친구 없소? 그대가 삶에 지쳤을 때 진정 그대 손을 잡아 일으켜 세워 주는 믿음의 친구가 단 한 명이라도 있다면 그대의 인생은 참으로 성공적인 삶을 산 행복한 사람입니다. 그런 김대중 전 대통령과 권노갑 영원한 비서실장께 지극한 존경을 표합니다.

한국현대사 증언
- 한승헌 전 감사원장

한승헌 변호사를 처음 뵙게 된 것은 법무법인 광장의 고문 변호사 사무실이었습니다. 사무실은 온갖 법률서와 전문서로 가득 차 두 사람이 겨우 마주 앉을 정도로 비좁은 공간이었습니다. 동백림 사건에서부터 제일동포 유학생 간첩단 사건, 통일 혁명당 사건, 시인 김지하의「오적」필화 사건, 김대중 내란 음모사건, 민청학련 사건, 인혁당 사건, 문익환 목사 방북사건, 부천서 권인숙 양 성고문 사건 등 그가 맡은 변론 사건의 제목만 보아도 삶의 이력을 짐작하고도 남았습니다.

'아마 찔러도 피 한 방울 나오지 않을 것 같은, 냉정하고도 철혈 같은 인물이리라.'는 나의 예상은 첫 만남부터 빗나갔습니다. 생각

밖으로 깡마른 몸에 작은 키, 바람만 불어도 날릴 것 같은 가냘픈 체구였습니다. 목소리는 다정다감했고 웃음 띤 얼굴에서는 천진난만한 모습마저 묻어났습니다. 그런데 어디서 그런 무시무시한 불굴의 저항정신이 솟아났을까? 증언이 이어지면서 그 의문은 쉽게 풀렸습니다.

전북 진안의 두메산골에서 독자로 태어나 고학으로 전북대 법대에 진학한 그는 고등고시 8회 시법과에 합격해 통영지방 검사를 거쳐 서울지방청 검사로 출세 가도를 걷습니다. 어느 날 잘나가던 검사를 사임하고 마치 운명처럼 시국 사건 1호라 일컫는 소설 「분지」 필화 사건의 변론을 맡게 됩니다. 피할 수 없는 숙명의 신호탄이었습니다. 그의 가슴과 핏줄 속에는 이미 가난하고 억눌린 자의 손발과 입이 되어야 한다는 사명감 같은 것이 자리하고 있었던 것입니다.

울던 아이도 이름만 들으면 울음을 뚝 그쳤다는 서슬 퍼런 유신 시절! 시국 사건의 한복판에는 늘 한승헌이 있었고, 이 땅의 양심이 자리하고 있었습니다. 그는 현대사의 질곡에서 한 맺힌 민중들의 양심이었고 대변자였습니다. 하지만 권력의 눈엔 가시 같은 존재였습니다. 반공법 변호사가 반공법 피의자가 되어 구속되고, 안기부 직원이 재판을 진두지휘하는 어처구니없는 시절! 끝내 그는 변호사의 자격마저 박탈당하고 출판사 일로 어렵게 생계를 꾸려가는 아픔을 겪기도 했습니다.

당시 살얼음판 같던 법정 속에서도 그가 있는 곳엔 늘 유머가 있

한승헌 전 감사원장과 저자

었고 정권을 질타하는 촌철살인의 미학이 넘쳤습니다. 외유내강外柔內剛! 그는 뜻밖에도 유머가 넘치는 인물이었습니다. 증언 내내 웃음을 자아내게 하는 촌철살인의 기예와 묘한 끌림이 있었습니다. 그런 그이기에 『산민객담』이라는 유머집도 냈습니다. 김대중 내란음모사건의 희생양이 된 김천 교도소 수감 시절, 사모님이 면회를 다녀가자 교도관이 물었습니다. "접견 잘 하셨느냐?" 한승헌의 대답인 즉 "접견실에 플라스틱판이 가로막고 있으니 '접'은 할 수가 없고, 전등의 불빛이 어두워서 '견'도 못했으니 '접견'은 안 됐다." 핍박받던 옥중의 생활 속에서도 유머를 잃지 않았던 그였습니다.

훗날 김대중 대통령 시절에는 감사원장도 지내셨지만 다음의 고백은 그의 생을 잘 압축하고 있습니다.

"내 이력서에는 양지도 보이지만, 그와는 달리 연보에는 음지가 짙게 번져있다. 고백하건대 나는 음지 속에서 더 많은 깨달음을 얻었고, 인간으로 더욱 성숙했으며, 본색을 키웠고 보람을 찾을 수 있었다. 음지는 그래서 내 삶의 양지였으며, 그래서 나를 더욱 키워준 음지에 감사한다."

얼마든지 햇볕이 바른 양지의 삶을 누릴 수 있었지만, 그는 스스로 몸을 낮추어 더 낮은 곳으로 가 아프고 억울한 민중들의 삶속으로 들어갔습니다. 그리고 함께 호흡하며 그들의 한과 아픔을 보듬었습니다. 이 자리를 빌려 한승헌 변호사님께 거듭 고마움의 인사를 드리며 조금이라도 더 높은 곳으로 솟아오르려던 내 삶의 교만과 어리석음을 다시금 되새겨 봅니다.

아, 장태완 장군님!

전 수경사사령관이자 12·12쿠데타 진압군의 선봉장이었던 장태완 장군이 영면하셨다는 소식을 들었을 때 가슴이 무너지는 듯 했습니다. 삶과 죽음이라는 것이 이렇게도 허망한 것이구나 하는 생각에 온종일 마음이 무거웠습니다.

장태완 장군과의 오랜 인연은 퇴역 장성들의 친목 모임인 송백회 시절로 거슬러 올라갑니다. 당시 저는 노 대통령의 육사 동기생이자 처남인 김복동 장군의 언론담당 특보를 맡아 잠시 김 장군을 모신 적이 있습니다. 그때 장태완 장군은 김 장군이 대구 동구 국회의원으로 출마하자 도와드리기 위해 송백회 회원들과 함께 대구에 내려오셨습니다. 이때부터 인연이 되어 여러 차례 뵙고 외람되게 사신도 찍고, 안부 인사도 드리게 되었습니다.

12·12사태가 일어났을 당시 진압군의 선봉장이었던 그 유명한 장태완 장군이라고 하면 호랑이 같은 무서운 용모에 우락부락한 무골풍의 기개가 넘치는 풍모를 상상했습니다. 그러나 막상 뵙고 보니 시골 삼촌 같은 순박한 모습에 놀랐습니다. 대한민국의 수도 경비를 책임졌던 그 유명한 장군이라고는 쉬이 짐작이 가지 않는 그러한 인상이었습니다. 말씀 또한 자상했습니다.

그 후 오랜 세월이 흐른 뒤 〈한국현대사 증언〉 프로그램을 맡게 되면서 다시 인연이 이어지게 됐습니다. 격동의 현대사에 당시 12·12사태와 관련한 숨겨진 비화를 듣기 위해 장 장군님을 모시기로 하고 1차로 댁을 방문했습니다. 작은 음료 한 박스를 사들고 찾아뵈었습니다. 그러자 대뜸 "남 부장! 기자가 무슨 돈 있다고 이런 걸 사들고 와." 하시는 것이었습니다. 거침없는 말투는 여전하셨습니다.

자초지종을 말씀드리자 프로그램 녹화에 흔쾌히 응하겠다고 약속하셨습니다. 지금 건강이 좀 좋지 않으니 녹화일정은 조만간 다시 잡자고 했습니다. 그리고 반드시 하고 싶은 얘기가 있으니 사전의 질문 준비를 위해 몇 가지 일러둘 것이 있으니 받아 적으라 하셨습니다.

그 내용은 이렇습니다.

'12·12사태의 내적 요인 / 12·12사태의 외적 요인 / 전두환과 하나회의 해악 / 수도경비사령부의 임무' 등등 무려 4시간에 걸쳐 설명하셨습니다. 시간이 흐를수록 목소리는 강해졌고, 나중엔 손까지 부르르 떨면서 눈가엔 핏발이 서려 있는 듯했습니다.

억울하고 원통한 한이 다시금 되살아났으리라 짐작이 갔습니다. 당시 서울대학교에 다니던 앞길이 창창한 19살 외동아들을 영문도 모르고 가슴에 묻어야 했으니 그 한이 오죽했으리라. 그것도 경북 안동의 어느 야산에서 추운 한겨울 날 꽁꽁 얼어붙은 아들의 주검을 발견했으니 그 심정 오죽했으리라.

죽은 아들이 살아나리라는 믿음에 꽁꽁 언 눈동자를 당신의 입으로 빨고 또 빨고 아니 눈이라도 한 번 떠보라고 그렇게 통곡해도 끝내 아비의 마지막 청을 몰라주고 야속하게 떠났다는 마지막 절규에 나도 그만 눈물이 쏟아졌습니다. 어둠이 찾아온 저녁 무렵 사모님이 오셔서 분위기를 즉각 알아차리시고는 이제는 그만 잊으시라는 말씀에 겨우 흥분을 가라 앉혔습니다.

녹화 약속을 잡은 당일 날 전화를 드리니 수술한 암이 재발해서 병원에 입원한다며 미안해 하셨습니다. 곧 퇴원을 할 테니 잠시 녹화를 미루자며 5월 5일 어린이날 지나고 나서 보자고 했습니다. 몇 달 뒤 다시 전화를 드리니 특유의 걸걸한 목소리로 "남 부장! 이 암이란 게 참 지랄 같은 병이야. 약물 치료를 받으니 도무지 힘이 부쳐서 말이야. 조금만 더 기다려 알았지? 미안해."라고 하셨습니다.

이것이 저와는 마지막 통화로 끝내 건강을 회복하지 못하시고 영면하셨습니다. 이 전화가 장태완 장군과의 마지막 인연이 될 줄은 꿈에도 생각지 못했습니다. 날마다 또 날마다 새롭게 발전하라며 격려의 말씀을 해주신 것이 바로 엊그제인데 이렇게 허무하게 가시다니….

장태완 장군의 댁을 처음 방문했던 날이 2009년 11월 18일 오후 2시 무렵이었습니다.

"남 부장! 내가 뭔가 선물하고 싶은데."라며 고민하시다가 『12·12쿠데타와 나』라는 당신이 지은 책 속지에 '日日新'이라는 글귀를 써 주셨습니다.

저는 지금 장 장군께서 써 주셨던 그 글귀를 다시금 들여다보고 있습니다. 그리고 인연이란 무엇인지 생각에 잠겨 봅니다. 인연이란 기약 없이 왔다가 기약 없이 떠나는 것이라는 말이 정녕 맞는 말인가 봅니다.

그리고 삶이란 한바탕 꿈처럼 허망한 것이라는 말도 새삼 맞는 말인 것 같습니다. 제게 남은 삶이 얼마인지 모르겠습니다. 아마 신만이 알겠지요. 허물을 벗지 않는 뱀은 죽는다 했습니다. 삶의 인연이 다하는 그날까지 양심에 부끄럽지 않게 '日日新' 하며 살고 싶습니다. 모든 인연에 감사드리며 살고 싶습니다. 바로 오늘 이 순간을 생의 마지막 순간처럼 살고 싶습니다.

나는
이런 사람이고 싶다

커피와 할머니

중학교 3학년 때입니다. 대도시 고등학교 진학을 목표로 시간을 아끼기 위해 읍내에 방을 얻어서 자취생활을 했습니다. 그때 할머니가 밥을 해주셨습니다.

당시 왜 그렇게 잠이 쏟아지던지 책을 펴기만 하면 그냥 졸렸습니다. 하루는 수업시간에 꾸벅꾸벅 졸았나 봅니다. 선생님께서 말씀하시기를 "커피라는 것이 있는데 설탕을 넣어서 마시면 카페인이라는 성분이 있어 졸음이 달아난다. 잠을 쫓는 데는 커피가 최고다."라고 말씀하셨습니다. 그것을 그대로 노트에 받아 적었습니다.

전기도 없이 호롱불만 켰던 벽촌 촌놈이 커피가 무엇인지 알리가 없을 터, 더군다나 카페인이 뭔지는 더더욱 몰랐습니다. 하여튼 공부가 잘된다 하니 당시 대구에 나가 계시던 아버지께 편지를 드렸습니다. 선생님께서 커피라는 것에 설탕을 넣어서 먹으면 공부가 잘된다고 하니 사서 보내 달라고 했습니다. 그래서 제법 큰 병에 든 커피와 함께 설탕 한 포대가 배달돼 왔습니다.

 당시로서는 그저 시커멓게만 보이는 커피라는 것의 개념이 전혀 없을 때였습니다. 그냥 맛을 보니 어찌나 쓴지 정말 먹기가 힘들 정도였습니다. 이런 것을 왜 먹나 하는 생각이 들었습니다.

 나도 그런 실정인데 당신의 이름자도 모르고 평생 농사만 짓고 사시던 시골 할머니가 커피가 뭔지 아실 리 없었습니다. 그저 손자 공부 잘되게 하는 한약인 줄로만 아셨습니다. 그래서 아궁이에 저녁밥을 짓고 나면 누룽지가 남은 밥솥에다 커피를 듬뿍 붓고 거기에 설탕을 넣어 한약을 달이듯 푹 끓였습니다.

 정말 말 그대로 한약을 끓이는 것 같은 구수한 냄새가 진동했습니다. 누가 물으면 커피라는 한약이라고 자랑스럽게 말씀하셨습니다. 공부 잘되게 하는 약이라고 친절한 설명까지 곁들였습니다. 그래서 공부를 하다가 꾸벅꾸벅 졸면 할머니께서 곧바로 "애야 약 먹어라." 하시면서 커피로 끓인 숭늉을 한 사발씩 주셨습니다.

 당시 할머니 친척이던 친구도 단칸방에서 함께 공부하고 있었습니다. 할머니는 꼭 크기가 다른 그릇에다가 보약(?)을 퍼서 주셨습니다. 친 손자인 나에게는 큰 그릇에, 그리고 친구에게는 꼭 작은 그릇에 주셨습니다.

 난 그게 못마땅했습니다. 물론 궁벽한 촌에서는 보도 듣도 못한

귀한 한약인지라 친손자에게 조금이라도 더 먹이려는 할머니의 깊은 마음을 왜 몰랐겠습니까. 그래서 친구에게 미안한 마음에 그릇을 바꿔서 먹었습니다. 할머니께는 더 이상 그러시지 말라고 했습니다. 할머니께선 "얘야, 그릇 크기는 달라보여도 약의 양은 똑같다." 하시면서 못마땅해했습니다.

한데 학창시절이라 그런지 커피를 저녁마다 한 솥씩 달여 마셨는데도 여전히 잠이 쏟아졌습니다. 지금 생각해 보면 그렇게 퍼마셨는데도 어떻게 탈이 없었는지 그저 신기하다는 생각이 듭니다. 모든 병은 마음으로부터 온다고 하더니 비록 독한 커피지만 몸에 좋은 한약으로 알고 마셨기에 탈이 없었던 것 아닌가? 하고 상상만 할 따름입니다.

진짜 커피를 알게 된 이후부터 지금까지 커피만 보면 할머니 생각이 납니다. 그 향기 속에 손자를 끔찍이도 사랑했던 할머니의 모습이 어리고 가슴이 매여 옵니다.

할머니께서는 애꾸눈이셨습니다. 어릴 적 산에 나무를 하러 갔다가 한쪽 눈을 다쳐서 실명이 된 것입니다. 비록 외눈이셨지만 언제나 어려운 이웃들에게 인자하셨고 세상을 보는 안목만큼은 그 누구보다도 일목요연하셨던 할머니!

커피 만능시대인 요즈음 할머니가 더욱 그립습니다. 다음 생이 있다면 꼭 다시 할머니의 손자로 태어나 커피를 애깃거리 삼아 못다했던 효도를 해드리고 싶습니다.

차라리 동네 개에게 하소연하는 게 낫겠다

저는 경북 의성읍에서도 삼십 리나 더 들어가는 가난한 벽촌에서 태어나고 자랐습니다. 6학급뿐인 시골 초등학교를 나와 읍내 중학교를 다니며 자취하고 고등학교는 대구, 대학은 서울서 마치고 기자가 되었습니다. 첫 직장이자 마지막 직장인 셈입니다.

방송 기자다 보니 텔레비전에 얼굴이 자주 비쳤습니다. 마을 전체에 변변한 라디오 한 대가 없어서 나무상자로 된 앰프통을 집집마다 연결해서 들어야 했던 궁촌인지라 나의 존재는 졸지에 시골에서 출세의 대명사가 되었습니다. 그러다 보니 참 부탁도 많았습니다. 무슨 대통령이나 되는 존재인 줄 알고 온갖 부탁을 다 해왔습니다. 취직 부탁에서부터 사건 해결 부탁, 억울한 민원 부탁 등 헤아릴 수 없이 많았습니다.

심지어는 이런 일까지 있었습니다.

시골 친척 어른이 경운기를 몰고 읍내 장터에 갔다가 조그마한 접촉사고가 있었습니다. 당시 순경(경찰)이 뭐라고 얘기하자 이 어른이 그만 경찰의 멱살을 잡고 뺨을 때렸습니다. 내가 누군 줄 아느냐고, 남달구 기자가 바로 우리 옆집에 살았는데 지금 당장 전화를 걸어서 당신 혼을 내주겠다고 말입니다. 그래서 경찰로부터 사건 연락을 받고는 본의 아니게 손발이 닳도록 빈 웃지 못할 일도 있었습니다.

가난했던 시골의 사람들인지라 힘이 닿는 한 억울한 일은 최대한 도와드리려고 나름 노력했습니다. 물론 되는 일보다는 안 되는 일이 더 많았으리라 생각합니다. 부탁한 일이 잘 해결되지 않으면 원망 아닌 원망도 들어야 했습니다.

아버님께서도 가끔 부탁을 해오셨습니다. 아들이 기자라고 하니 친구 분들이 이런저런 부탁을 해왔던 것입니다. 그런데 죄송한 얘기입니다마는 저는 지금까지 아버님이 친구로부터 받은 부탁은 단 한 가지도 들어드린 적이 없습니다.

경위야 어떻든 무조건 저로서는 불가능한 일이니 법에 호소하면 된다고 말씀드렸습니다. 나중에는 아버님께서 무척 서운하셨던 것 같습니다. 하루는 이런 말씀을 하셨습니다. "야! 남 기자. 너 참 독하다. 어찌 그리 매정하냐. 앞으로 너한테 부탁하느니, 차라리 동네 똥개 끌어안고 하소연하는 게 낫겠다." 그 말씀을 듣고 자식된 도리로 어찌 마음이 아프지 않았겠습니까.

하지만 제가 아버님의 부탁을 거절한 데는 나름의 이유가 있었습니다. 한번 부탁을 들어주면 그 말은 주변 친구 분들에게 전해집니다. 그러면 또 다른 친구 분이 부탁을 하게 되고, 연쇄반응을 일으키게 됩니다. 계속 부탁을 받다가 보면 결국 불미스러운 일이 생겨날 소지가 많습니다.

또 일이란 상대성에 따라 원만하게 잘 해결되는 일도 있고, 되지 않는 일도 있게 마련입니다. 그러면 아버님이 어느 친구의 부탁은 들어주고, 내 부탁은 들어주지 않는다는 오해를 사게 되고 입장이 곤란하게 됩니다. 그러니 아예 원천을 차단하는 것이 아버님을 위하는 길이라는 생각에서였습니다.

그 이후로 일절 부탁을 안 하셨습니다. 그리고 친구 분에게 "그 친구에게 부탁하면 될 일도 안 되니까 아예 말도 꺼내지 마라."고 하신다는 것입니다. 나중에서야 제 마음을 이해하시고는 잘한 일이라고 하셨습니다.

세상을 살아가면서 때로는 어려운 일이 있으면 서로 돕고 사는 것이 인지상정人之常情입니다. 그런 정마저 없다면 인간 사회가 아닌 기계적인 사회이겠지요. 문제는 정분을 넘어 이권과 돈이 개입되고, 소위 안 되는 일도 되게 하는 권력과 로비가 동원되면서 그 빛이 흐려지고 삭막하고 혼탁한 세상이 되고 말았습니다.

『채근담』에서는 분수에 넘치는 복과 이익은 조심하라고 이르고 있습니다. "분수에 넘치는 복과 이유 없이 생긴 이익은 조물주의 낚싯밥 아니면 인간 세상의 함정이다. 이럴 때 눈을 높이 들어 조심하지 않으면 그 꼬임 속에 빠지지 않을 자가 드물다."라고 했습니다.

마음 터놓고 순수한 인간의 정이 오갈 수 있는 사회가 그립습니다. 옛 우리 선조들의 인정과 지혜처럼 없을수록 도와가며 사는 세상 말입니다. 햇살처럼 따사롭고 달빛처럼 은은하게! 다가오는 순수한 인정 말입니다.

진심은 심장을 관통한다

초등학교 6학년 때로 기억합니다. 당시 담임선생님이 무슨 일 때문인지는 모르겠지만 한 달간 수업을 비워야 하는 일이 있었습니다. 그 기간 동안 조병순 교장 선생님이 수업을 대신하셨습니다.

우리글도 제대로 이해하지 못하던 어린 우리들에게 교장 선생님은 칠판에 아주 어려운 글을 적고 일장 훈시를 하셨습니다. 지금 생각해 보니 바로 학문에 대한 가르침이었습니다.

소년이노학난싱小年易老學難成하니 일존광음불가경一寸光陰不可輕이라.
미각지당춘초몽未覺池塘春草夢이어늘 계전오엽이추성階前梧葉已秋聲이라.

주사의 『냉심보감』 「권학」 편이었습니다. "소년은 늙기가 쉽고 학문은 이루기가 어렵다. 연못의 풀은 아직 봄꿈에 젖어 있는데 뜰 앞에는 벌써 가을 오동잎 지는 소리가 들린다."라는 뜻입니다.

  당시 저로서는 무슨 뜻인지는 알지 못했으나 교장 선생님의 말씀이기에 몽땅 연필로 공책에 비뚤비뚤 그림 그리듯이 베껴 적었던 기억이 아직도 생생합니다. 나중에야 그 말씀이 학문은 평생을 해도 끝이 없으니 젊어서부터 부지런히 닦으라는 소중한 가르침임을 알게 되었습니다.

  어릴 적 교장 선생님의 그 말씀이 왜 지금까지도 기억 속에 선명하게 남아 있는지는 도무지 알 수가 없습니다. 하지만 삶의 길목에서 문득문득 기억이 떠올라 적지 않은 삶의 자양분이 되었습니다. 그리고 지금 아들에게 이 이야기를 곧잘 하곤 합니다. "아들아, 공부라는 것은 때가 있는 것이고, 세월은 사람을 기다려주지 않는 법이란다. 컴퓨터 게임은 네가 커서 어른이 되어서도 실컷 할 수 있는 것이니 아버지와 같이 후회스런 삶을 살지 않으려면 부지런히 공부하렴." 이 말을 할 때면 내심 마음속에 찔리는 것이 있습니다. 저 자신은 그렇지 못했으면서도 아들에게는 그렇게 하라고 이르는 것이 양심에 걸려섭니다. 그래서 "너도 크면 알겠지만 인생의 선배로서 내가 지내보니까 그런 생각이 절실하게 들어서 그런다." 하고 사족을 덧붙이곤 합니다. 아들이 제가 하는 말을 어떻게 받아들이는지는 그 속을 들여다볼 수 없는 이상 알 수 없습니다. 문제는 자식에게 이런 말을 하는 나 자신이 떳떳한가 하는 점입니다.

스스로 떳떳하지 못하면서 자식에게 이런 말을 한다면 자신은 실컷 도둑질해놓고 자식은 그러지 말아라 하는 이중인격적인 아버지가 아닌가 하고 생각되기 때문입니다.

부모는 자식의 거울이라 했습니다. 내 자식만은 잘 되었으면 좋겠다는 바람, 그러기를 바라는 훈시 이전에 나 자신이 자식 앞에 부끄럽지 않은 거울이 되어야겠다는 생각이 들었습니다. 적어도 자신과 자식을 속이지 않는 양심적인 부모가 되어야 이르는 말에도 진심이 묻어나리라는 생각에섭니다.

아무리 좋은 말이라도 듣기 싫은 말이 있고, 아무리 싫은 말이라도 들어서 좋은 말이 있습니다. 말을 듣는 사람의 입장도 중요하지만 말을 하는 사람의 마음가짐이 어떻느냐가 더욱 중요한 것 같습니다. 진심이 묻어나지 않은 말은 심금을 울리지 못하는 백 년 공염불에 불과하기 때문입니다.

초등학교 6학년 때 들은 노老 교장 선생님의 말씀이 쉰 고개가 훌쩍 넘은 지금까지도 뇌리에 생생하게 기억되는 것은 아마 그분의 평생 올곧게 살아오신 교육자로서의 자세가 한글도 잘 모르는 어린 제 가슴에 각인됐기 때문이 아닌가 생각합니다. 이는 양의 탈을 쓴 가치만은 대물림하지 말아야 한다는 생각을 하게 해주는 이유이기도 합니다.

자식은 부모의 '2차 과정'을 꿰뚫어 보는 탁월한 혜안이 있다고 했습니다. 비록 명예나 지위도 없는 필부이지만 바로 지금 이 순간부터 자식 앞에서 부끄럽지 않고 떳떳한 부모로서의 삶을 보이고 싶습니다. 노 교장 선생님이 일렀던 가르침을 자식 앞에서 양심의 거리낌 없이 읊을 수 있는 삶을 살고 싶습니다.

입이 하나인 것은
바른말을 하라는 것이다

　가족들은 동물과 그리 친한 성격이 아닙니다. 특히 개에 대해서는 혐오감을 보일 정도로 싫어했습니다. 그런데 어느 날 아들이 불쑥 강아지 한 마리를 안고 왔습니다. 친구 집의 개가 낳은 이제 막 석 달이 지난 어린 강아지를 데리고 온 것입니다. 당연히 집에서는 난리가 났습니다. 아들이 자기 방에서 책임지고 기르겠다는 서약서를 쓰고서야 수습이 되었습니다.

　이후 집이 시끄럽기도 했지만 이 친구가 하루가 다르게 자라면서 이제는 온 가족의 사랑을 독차지하게 되었습니다. 곰을 닮아서 이름을 웅이라 지었습니다. 얼마나 영리한지 표정과 몸짓으로 어느 정도의 자신의 의사까지 표현할 줄 압니다.

저는 웅이를 보면서 새삼 많은 것을 배웁니다. 몸짓으로 의사 표현을 한다지만 극히 제한적인 것이기에 속 시원히 말을 할 줄 안다면 얼마나 좋을까 하는 생각을 했습니다. 그래서 말하는 법을 가르치는 길이 없을까 하고 생각한 적도 있었습니다. "배고프다. 목마르다. 덥다. 밖에서 산보하고 싶다." 등의 표현 말입니다. 그러나 그것은 불가능할뿐더러 나의 지극히 이기주의적인 발상이요, 어리석음이었음을 깨닫게 되었습니다. 비록 말은 못하지만 이 친구는 늘 꼬리를 흔들며 즐거워하는 표정이기 때문입니다. 그래서 저는 물어봅니다.

"웅아, 너는 말을 하지 못해 답답하지 않니?"

그의 대답은 이런 것 같습니다. "지금 묵언수행默言修行 중일 뿐이야. 말할 줄 아는 것을 큰 자랑이라고 생각하는 모양인데 착각하지 마! 나도 전에는 인간이었는데, 말로 지은 업보가 많아서 지금 입을 닫고 마음을 수양하고 있는 것뿐이야."라고 말입니다.

말은 서로의 생각을 표현하라고 있는 것입니다. 그런데 속된 말이지만 찢어진 입이라고 우리는 말을 너무 많이 하는 것 같습니다. 해야 할 말, 하지 말아야 할 말 가리지 않고, 심지어 자신이 무슨 말을 하는지도 모를 정도로 말을 쏟아내고 있습니다. 그저 소음 수준이라면 그래도 괜찮습니다. 문제는 말에 가시와 독이 서려있다는 것입니다. 거짓말과 이간질, 시샘과 배반의 말을 밥 먹듯이 하고 심지어 말로 세상을 농간하려 듭니다. 말 한마디에 일생을 그르치기도 합니다. 그러니 "차라리 말을 하지 않는 게 화를 멀리하고 마음 상할 일 없으니 심신이 편하지요." 하고 웅이가 자랑스럽게 말하는 듯합니다. 그래서 웅이에게 말을 적게 하는 법을 배웁니다.

웅이는 행동도 반듯합니다. 처음에는 시행착오가 한두 번 있었지만 지금은 절대 어긋남이 없습니다. 해서는 안 될 일을 가르치면 절대 하지 않습니다. 인간들처럼 절대 눈가림이나 눈속임의 행동을 하려고 하지 않습니다. 정직합니다. 그래서 행동하는 양심을 배웁니다.

웅이는 온가족을 즐겁게 해줍니다. 지친 몸을 안고 집에 들면 언제나 모든 가족을 차별 없이 즐겁게 반깁니다. 책상에 앉아 무언가 하고 있을 때면 슬며시 다가와 겨드랑이 밑으로 파고 들어와서는 무릎에 조용히 앉아서 제가 하는 짓을 가만히 지켜봅니다. 그래서 차별심을 없애고 남을 즐겁게 해주는 삶을 새삼 느끼고 배웁니다.

이제 갓 1살을 지난 웅이가 가족의 당당한 일원이 되기까지 넘어야 할 시련이 있었습니다. 태생적으로 개에 대한 가족들의 지극한 기피증이 그것이었습니다. 그런데 선입견과는 달리 웅이는 영특하게도 대소변을 철저하게 가렸습니다. 가족들의 곱지 않은 시선을 뒤로하고, 하루가 다르게 재롱과 애교를 부리면서 이제는 가족이 웅이 없이는 못 산다는 기현상까지 벌어졌습니다. 이 친구의 반듯한 처신이 이룬 결실이었습니다.

이 친구가 가족의 일원으로 함께하면서 비록 말을 못하는 동물이지만 참 배울 점이 많다는 생각을 가지게 되었습니다. 그래서 "말 못하는 짐승이지만 사람보다 낫다."는 옛말이 있는지도 모릅니다. 왜냐? 인간에게 이로움은 물론 가르침도 주니까요.

우리 인간은 이 지구상에서 유일하게 말하고 듣고, 생각하고 행하고, 창조할 줄 아는 동물입니다. 이런 점에서 나는 내가 인간으로 태어난 자체만으로도 참 행복해해야 한다는 생각이 듭니다. 그런데 참된 행복이 되기 위해서는 실로 참된 행복을 느끼기 위해서는 절제와 노력이 필요하다는 생각입니다.

입이 둘이 아니고 하나로 옆으로 찢어진 것은 한결같이 바른말을 하라는 의미일 것입니다. 눈과 귀가 두 개인 것은 두루 살피고, 두루 들으라는 것입니다. 두루 보고 살피고, 두루 들어서 한결같이 바른말을 하라는 게 우리의 이목구비경耳目口鼻經의 가르침이 아닌가 생각합니다.

인연은
도시락을 싸들고 따라다닌다

대학교 재학 시절 응원단에 몸을 담았습니다. 수줍음을 많이 타고 내성적인 성격을 바꾸어볼 겸해서 응원단 문을 두드렸지만 용기가 있어서 찾아간 것이 아니라 우연한 기회에 의해서였습니다.

응원단 형이 신문방송학과 수업을 듣기 위해 강의실에 왔을 때 우연히 같은 자리에 함께 앉게 되었습니다. 무척 멋있어 보였던 형이었기에 무슨 연예인 만난 듯이 가슴이 두근거렸습니다. 수업이 끝나갈 즈음 그 형이 "야, 너 참 예쁘장하게 생겼다. 응원단에 들어오지 않을래?" 하는 것입니다. 머뭇거릴 틈도 없이 "저 들어가도 돼요?" 하고 물으니 즉석에서 오케이였습니다.

그렇게 응원단원이 되었습니다. 응원의 기본 동작 익히는 과정이 힘들었지만 정말 신바람이 났습니다. 얼마나 정신없이 놀았던지⑵ 그만 학사경고까지 받았습니다. 시골에서 자갈논 팔아서 자식 서울에 보내 공부시키는데 공부 못한다는 쪽지가 집으로 날아들었으니 난리가 났습니다. 당장 어머님이 하숙집으로 올라오셔서 보따리 싸라고 하셨습니다. 아버님이 학교 때려치우고 내려오라고 펄펄 뛰신다는 것입니다. 그때가 대학교 3학년 1학기였습니다.

부모님께 용서를 빌고 군에 입대를 했습니다. 그리고 복무를 마치고 다시 복학을 했습니다. 묘하게도 그때 나를 응원단으로 이끌었던 형도 해병대 장교로 군 복무를 마치고 다시 경제학과로 학사편입해서 함께 공부하게 되었습니다.

저는 그 형의 영어공부는 물론 고3인 여동생의 수학 공부도 가르치게 되었습니다. 이 형은 군에 갔다가 와서 얼마나 열심히 공부했는지 4.5 만점에 거의 만점을 받아 장학금까지 받았습니다. 평생처음 어머니께 효도 아닌 효도를 했습니다. 농담 삼아서 형에게 그 성적표를 확대해서 표구를 해서 자식들에게 가보 1호로 물려주라고 했습니다. 정말 형에게는 기적 같은 일이었으니 말입니다.

그후 기자생활로 접어들면서 가끔씩 서로 연락만 주고받다가 오랜 시간 소식이 끊겼습니다. 그러다가 제가 지방에서 근무하다 서울로 올라오게 되었을 때 공교롭게도 다시 그 형을 만났습니다. 그 형도 20여 년간 캐나다에 이민 가서 살다가 다시 한국으로 들어온 것입니다. 그런데 형의 매제도 모 방송국의 기자라는 것입니다. 누구누구라며 저를 잘 안다고 했습니다.

저는 이 형과의 인연을 생각하면서 삶이란 참 묘하다하는 생각이 들었습니다. 이 형과의 인연은 항상 우연의 연속이었지만 마치 짜 맞추기라도 한 듯 필연의 만남이었습니다. 대학시절 때 우연한 옆자리에서부터 군 입대 그리고 복학, 사회생활을 하며 지방과 해외로 갈라졌다가 똑같은 시기에 다시금 합류, 그리고 직장도 서로 그리 멀지 않은 곳에 있었습니다.

 마치 물길이 지류에서 갈라졌다가 다시 합류하고 그리고는 다시 흩어지고 모여 함께 대해로 흘러드는 것처럼 우리 인연도 그러하다는 생각이 들었습니다.

 또 한 친구와의 인연은 더욱 기묘합니다. 이 친구는 시골 중학교 때 같은 반을 시작으로 해서 고등학교와 대학교, 심지어 같은 방에서 하숙생활까지 같이 했습니다. 직장생활로 잠시 헤어져 생활하던 어느 날 결혼한다며 연락을 했습니다. 아니나 다를까 예식장은 달랐지만 똑같이 대구에서, 결혼 일자도 똑같은 날이었습니다.

 한바탕 웃고 나서 신혼 여행지를 물으니 지리산 화엄사로 간다는 것입니다. 콘도를 정해 놓았다고 했습니다. 그러면 안 되지 하고 저도 신혼 여행지를 급히 변경해서 그 친구가 얻어 놓은 지리산으로 정했습니다. 물론 두 사람만 알고 우연히 신혼 여행지에서 마주치는 것처럼 미리 약속을 정해 놓았습니다. 결혼식이 끝나고 지리산에 도착하니 이미 그 친구는 다른 객실에 도착해 있었습니다.

 시간을 정해 지하에 있는 매점에 필요한 물품을 사러 내려가 그때 우연히 만나는 것처럼 둘은 서로 얼싸안고 이게 웬일이냐며 호들갑 아닌 호들갑을 떨며 난리를 쳤습니다. 영문을 모르던 두 신부는 어리둥절해 했습니다. 그렇게 둘은 신혼 첫날밤의 로맨스고 뭐고 다 치워버리고 옛날 얘기를 하며 밤새도록 술을 퍼마셔 고주망태가 되었습니다.

우리 두 부부는 신혼여행 내내 같이 붙어 다니는 기구한 운명(?)이 되었습니다. 결국 나중에 들통이 나 한바탕 난리가 났지만 엎질러진 물인데 어찌하겠습니까?

인연에는 우연과 필연, 악연과 선한 연이 있겠지요. 인연이란 삶의 여울목에서 문득문득 마주치는 생의 조각들입니다. 이미 파편이 되었거나 진행형일 것입니다. 그 인연이란 게 참 알다가도 모를 일입니다. 애써 잡으려 해도 그저 스쳐 지나가는 인연이 있는가 하면, 떨쳐 버리려 해도 한사코 도시락 싸들고 따라다니는 인연이 있는 것 같습니다. 형과 이 친구와의 인연이 그런 것 같습니다.

인생은 인연의 씨줄과 날줄로 짜인 천과 같다는 생각이 듭니다. 그 인연의 천이 악연과 원망으로 누더기가 되기보다는 청실홍실로 곱게 짜인 금빛 실 비단 천이 되었으면 합니다. 서로가 양보하고 이해하며 감싸 안을 줄 아는 도량을 지녀서 삶의 고운 지문과 향기가 가득 묻어났으면 합니다. 천은 씨줄로만 짤 수 없으니 말입니다. 그리고 저도 단 하나뿐인 인생의 천을 짜면서, 인연의 모든 직조공들에게 소중한 날줄이 되었으면 합니다.

아버지의 편지

아들이 고등학교 2학년인 때입니다. 바로 위 누나와 6살 차이가 납니다. 누나는 매사에 한 치의 착오가 없을 정도로 자기관리가 철저한 데 비해 이 친구는 영 딴판이었습니다. 공부와는 아예 거리가 먼 것 같았습니다. 적어도 지금까지 지켜본 바로는 그렇습니다. 대신 운동은 무척 좋아합니다. 태권도에 검도, 한때는 쿵푸에 복싱도 배웠습니다.

한 가지 일에 몰입을 하면 정신없이 빠져들기 때문에 그 몰입하는 힘을 공부 쪽으로 돌려보자는 생각에서 운동을 그만두게 했습니다. 그러자 이번엔 컴퓨터 게임에 빠졌습니다. 밤늦도록 게임을 하느라 아침에 등교하는 것도 힘들어할 정도였습니다. 이렇게 그냥 둬서는 안 되겠다 싶어 집 사람이 고민 끝에 컴퓨터를 아예 통째로 치워 보았지만 막무가내였습니다.

 늘 술에 찌들려 집안일을 한 번도 제대로 돌본 적 없는 저는 그런 아들을 무조건적으로 나무랄 수도 없는 입장이었습니다. 그래서 생각해낸 방안이 어머니의 눈물이었습니다. 아들은 유난히 어머니의 눈물에 약하다는 얘기를 들어왔던 터라 집 사람을 보고 조용한 시간에 "아들아! 엄마는 너를 진정 사랑한다. 다 좋지만 공부를 소홀히 하는 것이 걱정이 된단다." 하며 한번 눈물을 흘려보라고 했습니다.

 아니 그런데 연기력이 약한 탓인지 아무리 울어 보려고 해도 눈물은커녕 오히려 웃음이 나온다는 것입니다. 도리어 아버지의 눈물이 더 강하니 아빠가 한번 그래보라고 했습니다. 며칠을 고민했지만 저 역시도 평생 눈물 한번 흘려보지 못했던 냉혈한 탓인지 영 내키지 않았습니다. 그렇다고 안약을 넣을 수도 없고, 이때 감정을 자유자재로 연기하는 연기자가 참 위대하다는 생각이 들었습니다.

 며칠을 고민하다가 방법을 바꾸어 아들에게 편지를 쓰기로 했습니다. 새벽녘 마음을 착 가라앉히고 새 노트를 준비해 아들을 향해 장문의 편지를 써내려갔습니다. "사랑하는 아들아! 아빠다."로 시작해서 내 솔직한 심정과 아들에 대한 걱정을 담은 글을 적었습니다. 그리고 학교에 가기 전 아들의 책상 위에 얹어 놓았습니다.

 다음날 반응을 들어보니 겉장만 보다 말고 그냥 덮어버리고 말더라는 것입니다. 그리고 며칠간 아들의 표정이 심각한가 싶더니 말수도 줄었습니다. 한 일주일이 지나갈 무렵 아들이 얼굴에 환한 웃음을 띠며 다가왔습니다.

"아빠! 그간 미안했어요. 아빠 말씀 잘 알겠어요. 다시는 컴퓨터 게임을 안 할 테니 컴퓨터 치워주세요."라고 하는 것입니다.

의외의 반응에, 아빠 미안했다는 한마디에 코끝이 찡했습니다. 오히려 제가 '아들의 마음을 진정 이해하지 못했던 것이 아닌가?' 하는 자책감이 들었습니다. 아들이 한 그 약속은 지금까지도 지켜지고 있습니다. 아직 공부에는 그리 관심을 가지지 않지만 언젠가는 공부도 열심히 할 그런 날이 오리라고 믿고 싶습니다.

전 아들에게 한 가지 선언을 했습니다. 우리 아들이 그 어렵던 약속을 잘 지켜온 만큼 아빠는 절대 너에게 무엇이 되라고 강요하지 않겠다고. 지금부터 넌 자유인이라고 했습니다. 네가 진정으로 하고 싶은 일이면 무엇이건 하라고 했습니다. 단, 남에게 피해를 주고 자신의 양심을 속이는 그릇된 길 말고는 어떤 길을 가던 무조건 믿는다고 했습니다. 진심의 말입니다. 아직 아들은 철이 덜 들어서 이 말이 무엇을 의미하는지 잘 알지 못하겠지만 언젠가는 느끼리라고 믿으면서 말입니다.

요즈음은 전자기기 만능시대지요. 그럴수록 인간의 정이 메말라 갑니다. 기계처럼 생각하고, 기계처럼 말하고, 기계처럼 행동하려 합니다. 이러다가는 인간이 기계의 노예가 되지 않을까 하는 걱정마저 듭니다. 이미 그런 시대가 도래하고 있습니다.

이메일도 좋고 카카오톡도 좋지만 한 번쯤 진정한 마음을 담은 글을 직접 편지로 써서 그리운 이들에게 보내보는 일은 어떨까 생각해 봅니다. 기계음이 전하는 그 어떤 감정보다도 아마 수백 배는 더 감동적이라 생각됩니다. 이 인간성 상실의 시대에!

# 어느 크리스마스 이브의 단상

한 해가 저물어 가는 크리스마스 이브입니다. 거리엔 캐럴이 울리고 휘황찬란한 불빛이 거리를 수놓습니다. 온누리에 예수님의 탄생을 축복하는 이브의 밤!

휴대폰 너머 아내의 낭랑한 음성이 왠지 슬프게 들립니다. 저를 가장으로 아니 한평생의 반려자로서 의지하고 살아가는 한 여인의 철석같은 믿음. 그런데 전 그녀가 믿고 의지하는 것만큼 그렇게 믿음직스러운 남편이 못 된다는 생각이 저를 슬프게 합니다.

돌이켜 보면 저는 참 죄가 큰 가장이자 남편이라는 생각이 듭니다. 철없던 시절 부부의 인연을 맺고 지금껏 살아오면서 가장으로서 제 점수는 영점에 가까운 듯합니다. 기자라서 바쁘다는 핑계로 언제나 일이 최우선이었고 가족은 늘 뒷전이었습니다. 날마다 취재원을 만난다며 허구한 날 술을 마셨고 밤 12시 귀가가 기본이었습니다.

심지어 첫 아이 출산일에도 곁을 지키지 못했고 사흘 후에야 첫 부녀 상봉을 했습니다. 그 일은 아내를 가장 가슴 아프게 한 일로 지금도 가끔씩 서운함을 내비치곤 합니다. 그럴 때마다 홀로 불안과 공포에 떨었을 것이 분명해 미안한 마음을 지울 길이 없습니다. 얼마나 원망했을까! 이제와 후회하는 것도 어리석은 일이지만 세월을 되돌릴 수만 있다면 다시 그때로 되돌아가 따뜻하게 그 자리를 지켜주고 싶습니다.

삶의 무게일까요? 사실 이 땅의 남편이라는 존재는 겉으로는 강한 척하지만 알고 보면 참 마음이 여린 존재랍니다. 아내에게 큰 소리 쳐놓고 뒤돌아서 마음 아파하고, 자식들에게는 늘 아무런 고민이 없는 아버지인 척하지만, 직장에서는 상사의 눈치를 살펴야 하는 신세입니다. 이래저래 피곤하고 스트레스가 가득 쌓여도 가족 앞에서는 늘 너털웃음을 지어야 합니다.

이 땅의 아내, 어머니라는 존재도 참 힘들고 외롭겠지요. 남편과 자녀, 가정이라는 세 곳을 두루 보살펴야 하니까요. 맞벌이 부부라면 1인 4역인 셈이니 더욱 고달프겠지요. 그래서 더더욱 부부 사이에 서로에 대한 믿음이 부족하면 이해하지 못하는 입장 차이로 충돌이 생기게 마련입니다. 사소한 일도 큰 싸움으로 번져 원수처럼 되기도 합니다.

 한 가정의 중심축은 남편과 아내 공통입니다. 남편은 아내를 축으로 원을 그리며 세상이라는 반경을 넓혀 갑니다. 아내 또한 남편을 축으로 가정이라는 울타리를 넓혀 갑니다. 컴퍼스 같은 존재입니다. 둘이면서도 하나인 것입니다. 늘 하나가 되어 서로 믿고 의지해야 완전한 원을 그릴 수 있습니다. 그렇지 않으면 찌그러진 원이 될 수도 있고 아예 원을 그릴 수 없게 될 수도 있습니다.

 인생은 긴 것 같지만 지나온 세월을 돌이켜보면 순간입니다. 부부의 연 역시 작별을 고해야 하는 순간이 오게 마련입니다. '그때 좀 더 잘해줄 걸' '좀 더 인내하고 이해하며 사랑할 걸' 하고 생각해봤자 후회스러운 마음만 더할 뿐입니다. 마음만 더 아파올 뿐입니다.

 그러니 더 늦기 전에 바로 지금 이 순간부터 진정 서로가 위하고 이해하고 양보하며 아껴주는 삶을 살고 싶습니다. 저를 굳게 믿어준 아내의 기대가 헛되지 않도록, 그런 믿음직한 남편이 되고 싶습니다.

해학과 기지가 넘치는 가훈

문중이나 집안마다 예로부터 전해 내려오는 가훈이 있지요. 우리 집안의 가훈은 호시우행虎視牛行입니다. 호랑이처럼 노려보되 소처럼 느리게 행동하라는 뜻입니다. 깊게 생각하고 신중하게 처신하라는 가르침입니다. 예로부터 어른들의 성격이 얼마나 급하고 불같았던지 진주 목사를 지냈던 선조는 억울한 누명을 쓰고 결백함을 내보인다며 그만 할복 자살까지 했습니다. 그래서 내려온 가훈이라고 어른들로부터 전해 들었습니다.

안동의 어느 집안 어른이 후손에게 이른 3대 가훈이 있습니다.
첫째가 "오른손과 왼손으로 내기 바둑을 두지 말라."입니다.
어느 날 집안 식구와 머슴들이 죄다 들에 일하러 갔다가 돌아오니 혼자서 집을 지키고 있던 어른이 허리를 다쳐 꼼짝하지 못하고 계시더라는 것입니다. 사람들이 모두 들에 나가고 무료하던 차에 왼손하고 오른손하고 내기 바둑을 두기로 했다는 것입니다. 이기는 쪽의 손은 쉬고, 지는 쪽 손이 혼자서 감나무에 올라가 감을 따주기로 했다는 것입니다. 대국 결과 오른손이 이겨서 바지주머니 속에서 푹 쉬게 되었고, 왼손 혼자서 나무에 올라가게 되었습니다. 천신만고 끝에 왼손이 올라가서 감을 따려는 순간 그만 감나무에서 떨어져 허리를 다치게 되었다는 것입니다. 그래서 자식들을 불러 놓고 내린 첫째 훈시가 "애들아, 절대 왼손하고 오른손하고 내기 바둑은 두지 말라."라는 것입니다.

둘째는 "안경을 살 때는 눈을 찔러보고 사라."입니다.
어느 날 또 들에 일을 하러 나갔다가 돌아오니 어른이 안경을 쓰고 계시더라는 것입니다. 웬 안경이냐고 여쭈니 안경장수가 와서 권하기에 하나 샀다는 것입니다. 그런데 가만히 보니 안경테만 있고 정작 알이 없었습니다. 아니 안경알이 없지 않냐고 하니, 그제야 손으로 안경을 낀 눈을 찔러보았다는 것입니다. 그래서 이른 둘째 훈시가 "안경을 살 때는 반드시 눈을 찔러보고 사라."입니다.

셋째는 "소를 팔 때는 돈을 미리 받고 팔아라."입니다.
역시 어느 날 들에 나가 일을 하고 돌아오니 마구간에 있어야 할 소가 없었습니다. 소가 어디 있느냐고 여쭈니, 소 장수에게 시세

보다 많이 받고 팔았다는 것입니다. 그럼 받은 돈은 어디 있느냐고 하니, 다음 주 장날에 돈을 받기로 했다는 것입니다. 아니 그 사람을 아시냐고 물으니 모른다는 것입니다. 그렇다고 남겨놓은 계약서도 없이 구두로 사고판 것입니다. 그냥 소 한 마리를 도둑맞은 것이나 다름없었습니다. 그래서 내린 세 번째 가훈이 "소를 팔 때는 반드시 돈을 미리 받고 팔아라."라는 얘기입니다.

오늘 날이라면 경찰에 신고하면 CCTV 화면을 추적해서 당장 안경 장수와 소 장수를 잡을 수 있겠지요. 하지만 당시는 파출소격인 지소를 가려 해도 수십 리에, 하루 해가 지는 데다가 이름도 성도 모르는 낯선 사람이니 어찌 할 방법도 없었을 것입니다. 한양서 김 서방 집 찾기 격입니다.

아마도 어르신들이 심심하던 차에 둘러앉아 농 삼아 웃자고 주고받은 얘기일 수도 있습니다. 하지만 가만히 돌이켜 생각해 보면 당시 어른들의 사심 없는 순수한 마음, 남을 믿어 의심치 않는 여유롭고 넉넉한 마음씨를 엿볼 수 있습니다. 당혹스러운 가운데서도 평정심을 잃지 않는 해학과 기지를 느낄 수가 있습니다.

세상이 워낙 각박하고 인심 또한 사납다 보니 어릴 때부터 집안의 인성 교육이 잘못되었다 해서 유림을 중심으로 '한 가정 한 가훈 갖기 운동'을 벌인 적이 있습니다. 무료로 가훈 써주기 운동도 폈습니다. 지금도 이런 정경을 볼 수 있습니다.

저는 딱딱하고 훈시적인 가훈보다는 해학과 기지가 넘치는 이런 가훈이 훨씬 더 감동적이고 교육적이라는 생각이 듭니다. 그저 웃음을 자아내는 우스갯소리라고 흘려 듣는다면 큰 착각입니다. 가만히 되새김질을 하면 할수록 엄청난 가르침이 스며있다는 생각입니다.

왜 왼손하고 오른손하고 바둑 내기를 하지 말라고 했을까? 왜 안경을 살 때는 눈을 찔러보고 사라고 했을까? 왜 소를 팔 때는 돈을 미리 받고 팔라고 했을까? 그 의미는? 남긴 가르침은? 슬며시 자아내는 미소 뒤에는 섬뜩한 칼날 같은 경계의 가르침과 삶의 지혜가 스며있음을 느끼게 합니다.

오늘을 사는 우리의 실상에 맞춰서 두고두고 다시금 음미해 보았으면 합니다.

유년의 추억

세월이 훌쩍 흘렀어도 영원히 변치 않는 것이 있다면 그중 하나가 유년의 추억인 것 같습니다. 모질고 험한 세상을 살아가다 보니 잃어버리고 지낸 것들이 너무나도 많은 것 같습니다. 여기에 기억의 강물을 거슬러 올라가 다시 그 시절의 추억을 회상해 봅니다.

캄캄한 밤하늘의 깜빡이는 영롱한 별빛, '별 하나 나 하나 별 둘 나 둘' 별을 헤던 한여름 밤의 꿈.
한겨울 밤 휘영청 솟은 둥근 보름달, 달리고 또 달려도 언제나 뒤따르며 머리꼭지 위에서 환하게 웃음 짓던 얼굴.
겨울 세찬 바람에 떠는 문풍지 소리, 벌거벗은 나목의 신음 소리, 비포장도로의 언 땅 위에 파도소리처럼 '쏴아' 하며 쓸려가는 작은 흙과 모래알의 합창 소리.

　고단한 여름 밤 '멍멍' 하며 고요를 깨뜨리는 동네 개 짖는 소리. 어스름 새벽 '꼬끼오' 하고 홰를 치며 날이 밝아옴을 알리는 장닭 울음소리, 깊어가는 한여름 밤 '개굴개굴' 개구리 울음소리,

　모녀가 마주 앉아 옷감을 두드리는 다듬이질 소리, '어이 어이' 북망산천을 향해 떠나는 이별의 구슬픈 상여 소리!

　그 모든 잃어버린 소리들이 심장의 고동이 되어 저 멀리서 점점 가까이, 가까이 '쿵쾅 쿵쾅' 울려옵니다.

　뒷동산 쌍봉 묘지에 피어난 꼬부랑 할미꽃, 바람결에 일렁이는 들판의 푸른 보리밭 물결. 모두 아름다운 시절, 아름다운 풍경, 아름다운 소리들입니다. 모두가 내 삶의 피가 되고, 뼈가 되고, 살이 되어 지금은 그리움의 한으로 남아있습니다. 이 모든 것이 삶의 동반자였습니다. 영혼의 흰 천 위에 아로새겨진 정겨운 추억이었습니다. 다시는 못 올 제 생의 고귀한 축복이었습니다.

　제가 어릴 적 살았던 고향 마을은 한 40호가 옹기종기 모여 사는 도로변을 끼고 있는 시골 마을이었습니다. 전기조차 없던 시골 마을이다 보니 해질녘 오후 무렵이면 벌써 마을 어귀엔 어둠이 밀려듭니다. 저는 그 어스름이 절망적으로 싫었습니다. 왠지 모르게 모든 것들과 작별해야 한다는 절망감도 절망적이지만 적막한 긴 어둠이 싫었습니다.

　깊어가는 겨울밤 세찬 겨울바람이 몰아치면 문풍지가 사시나무

떨듯 떨며 '우우웅' 하며 울음소리를 냅니다. 자식을 잃은 짐승의 울부짖음 같은 그 소리가 두렵고 무서웠습니다. 신작로의 벌거벗은 플라타너스의 나뭇가지도 모진 겨울바람에 앙칼진 울음소리를 토해내곤 했습니다.

그 겨울의 긴긴 밤이 두려웠고, 숨소리조차 들리지 않은 마을의 적막함이 무서웠습니다. 가난한 사람들이 추운 들판에서 손발이 얼도록 일을 한 뒤 고단한 몸을 뉘고 곤한 휴식에 빠져든 산골의 그 겨울밤!

두려움에 떠는 저의 유일한 의지처는 할아버지의 노쇠한 가슴이었습니다. 할아버지의 솜옷 겨드랑이에 얼굴을 파묻고는 안도감에 젖곤 했습니다. 아마 담배 냄새와 땀 냄새였으리라. 할아버지의 그 체취가 그리도 구수하고 좋았습니다. 어릴 적 불안에 떨던 제 영혼의 안식처였습니다.

지금도 그 냄새가 풍겨옵니다. 할아버지의 찌든 옷가지와 담배 냄새가 세월의 바람을 타고 아련한 기억의 강물을 거슬러 묻어납니다. 쉰이 넘은 지금도 그 냄새가 너무 그립습니다. 사람은 가도 강산이 변해도 그리움의 향기와 풍경은 절대 사라지지 않나 봅니다.

먼 훗날 제가 요단강 건너 저 안락의 정토에서 쉬고 계시는 할아버지를 뵙게 되면 먼저 큰 절을 올린 다음 억만 겁의 세월에도 지워지지 않을 그 향수를 맡고 싶습니다.

쉰의 고개를 훌쩍 넘으면서 그리움이, 눈물이 많아지는 것 같습니다. 어디 원통해서도 억울해서도, 그렇다고 몹시 아파서도 아닙니다. 그저 지난 삶을 되돌아보면서 진한 그리움이 밀려올 때가 그렇습니다.

소중한 마음을 잃어버렸다는 회한이 밀려올 때면 더욱 그렇습니다. 유행가 가사처럼 인생은 생방송이기에 그렇습니다. 녹화 방송이라면 다시 되돌릴 수도 있고, 사전 리허설도 할 수 있으련만 한 번 흘러간 물에 두 번 발을 담글 수 없는 것처럼 다시 돌이킬 수 없는 인생이기에 더욱 그런 것 같습니다.

삶을 살아오면서 부대낀 사랑하는 가족과 벗, 그리고 스쳐 지나간 수많은 크고 작은 인연들! 어찌 사람뿐이겠습니까? 아름답던 고향의 산천과 들녘, 마음껏 뛰놀던 추억! 기억 저 너머에 굳게 갇혔던 아련한 영상이 그림처럼 펼쳐질 때면 가슴이 시리도록 아파 옵니다.

야심한 밤에 석유를 듬뿍 묻힌 솜뭉치로 횃불을 만들어서 고기 잡던 일이며 남의 집 재산 목록 1, 2호인 닭을 서리하던 일, 장마가 끝나고 나서 저수지에 물이 불어난 줄 모르고 홑겹의 단벌옷을 훌러덩 벗어던져 그대로 다이빙하다 물속 바위에 머리를 부딪쳐 울던 일….

삶의 전장 아닌 전장에서 살아남으려고 발버둥 치다 보니 그리움이란 사치스러운 단어가 되어버린 지 오래입니다. 한여름 밤의 은하수를 바라보며 몽상에 젖던 추억도 잊은 지가 오래입니다. 메말라버린 황량한 가슴이 되었습니다. 어디서 와서 어디로 가는지 그리고 지금 어디쯤 와 있는지, 생각할 겨를도 없이 세월의 강물에 온 몸과 정신을 내맡긴 채 무작정 흘러왔습니다.

그러다 생의 돛단배가 이르는 곳은 끝없는 바다가 아니라 생의 원점이자 종착역인 죽음이라는 항구겠지요. 그때서야 '아! 인생은 참으로 허무하구나, 내가 이 세상을 덧없이 살았구나.' 하고 후회를 하게 되겠지요.

그리운 이들이여! 생자필멸 거자필반 生者必滅 去者必反이라 했거늘 짧지도 길지도 않은 세월 동안 우리 잔잔한 정 나누며 쉬엄쉬엄 느릿느릿 한세상 살다가 떠나갑시다. 정을 나누어 준들 줄어들 것이 있겠나, 모아 아껴둔들 북망산천 갈 때 싸가지고 가겠나. 서로 이해하고 사랑하며 그리운 이들과 함께 정을 나누며 살아갑시다. 서로가 그리운 사람이 됩시다. 나눌수록 풍성한 게 마음이거늘 마음 한 번 넓고 깊게 쓰고 갑시다. 내 그리운 사람들아!

 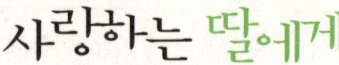

대학 입시를 앞둔 딸에게 띄웠던 편지입니다.

　내 사랑하는 딸 정아! 아빠다. 아빠가 이런 편지를 쓰는 건 부끄럽게도 처음이구나. 몹쓸 아빠지?
　정아, 지금 너의 마음은 몹시도 초조하고 불안하겠지. 아빠 역시 시험을 앞두고 늘 너처럼 그랬단다. 아마 시험을 앞둔 모든 수험생들이 다 같은 심정이겠지.
　정아, 조금도 불안해하지 마라. 인생은 늘 시련과 도전의 연속이란다. 여린 자는 인생의 시련 앞에 쉽게 굴복하고, 용기 있는 자는 당당하고 슬기롭게 그 숲을 헤쳐 나간단다. 이제 주사위는 던져졌고 남은 것은 지금까지 네가 갈고 닦은 실력을 후회 없이 쏟아 놓는 일만 남았단다.

아빠는 널 믿는다. 아빠가 지켜보기에 우리 정이는 지금까지 최선을 다해왔고 어디 내놓아도 자랑스러운 딸이란다.

무엇보다 자신감과 용기를 가져라. '나는 할 수 있다. 나는 반드시 해낸다.'는 강한 신념을 스스로에게 불어넣을 때 그 꿈은 반드시 이루어지게 돼 있단다. 넌 반드시 해낼 수 있을 거야. 겉은 여려 보이지만 누구보다 의지와 신념이 강한 딸이니까 말이야.

시험 전에 마음을 차분하게 가라앉히고 "침착하자, 침착하자." 거듭 마음속으로 되뇌어라. 고요히 책상에 앉아서 심호흡을 천천히 크게 해라. 여러 차례 하다 보면 마음이 안정되고 머리가 맑아질 거야.

문제가 어려워도 결코 당황하지 마라. 네가 어려우면 남도 다 어렵단다. 매 시간, 바로 지금 이 순간에 최선을 다한다는 마음을 가져라. 지난 시간의 시험은 잊어버려라. 알쏭달쏭한 문제가 있으면 평소에 네가 공부했던 당시의 상황과 장면을 가만히 떠올려 보아라. 그러면 당시의 기억이 스치면서 의외로 답을 찾을 수가 있단다.

정아, 아빠 늘 생각한단다. 최상의 결과도 중요하지만 그것보다도 더 중요한 것은 최상의 결과를 얻기 위해 최선의 노력을 기울이는 자세와 과정이라고 말이다. 결과야 자신의 능력 밖인데 신의 뜻에 맡길 수밖에 없지 않겠니?

정아, 가을 낙엽이 오늘따라 아름답구나. 마치 우리 딸의 앞길을 축복이라도 하는 것 같구나. 나목은 새봄, 새순에 새잎, 새 희망을 틔우기 위해 모진 겨울의 시련을 묵묵히 인내하며 이겨 낸단다. 그러고는 때가 되면 다시 자신이 가진 모든 것을 미련 없이 훌훌 털어버리지.

인간사도 이와 같단다. 이제 정이는 새 인생을 항해하기 위해 새 희망의 닻을 올리는 순간이란다. 그 어떤 두려움과 불안도 뒤로하고 지난 3년간 익혔던 지식들을 혼신을 다해 쏟아버리자. 그리고 그 결과는 운명에 맡기고 담담하게 새 희망의 새봄, 새 인생을 준비하자꾸나.

언제 어디서 어떤 고뇌의 순간이 닥친다 하더라도 항상 용기와 희망을 잃지 마라. 우리 딸 파이팅! 그리고 밤낮없이 너의 곁을 지켰던 너희 엄마와 씩씩한 우리 아들도 파이팅!!

대학 신입생인 딸에게 보낸 편지입니다.

정아! 봄 날씨가 꽤 변덕스럽구나. 살포시 고개 내밀던 봄의 새 생명들이 심술궂은 날씨에 화들짝 놀라겠구나.

대학생활은 어떠니? 재미있니? 아니면 기대에 못 미치니? 대학생활은 낭만이라지만 요즈음 같은 취업난 시대에 어쩌면 철부지들의 사치스런 단어일는지도 모를 일이지. 꿈과 희망이 가득한 캠퍼스에서 지식의 욕구로 밤늦도록 토론도 하고, 자신의 인생설계도 하고, 때로는 삶의 고민도 느껴보고 하는 것이 청춘의 특권이겠지. 주어진 여건이 허락하는 한 자신의 소중한 삶을 위해 때로는 신의 영역 앞에 만용도 부려보는 것이 진정한 낭만이 아닌가 싶구나.

대학생활에서 가장 소중한 가치는 무엇일까? 사람마다 가치가 다르겠지만 쉰의 고개를 넘어서면서 지금에서야 조금은 그 의미를 알 것 같구나. 누가 무어라 하든, 아니 아빠가 그러든 간에 그것은 하나의 조언이요, 참고사항일 뿐이다.

가장 중요한 것은 자기 자신의 삶을 소중하게 여기고 가꾸는 것이 아닐까 한다. 인생이란 그 누구도 대신 살아줄 수 없는 것이니까. 어차피 인생은 선택의 연속이란다. 그 선택은 바로 매 순간 다가오는 네가 택해야 할 필연이고, 또 그것이 쌓이고 흘러가면서 너의 인생을 이루는 것이란다.

남이 아무리 나를 높게 평가하거나 비하하고 그 어떤 평가를 내리든 그건 그 사람의 생각이고 입장일 뿐 너의 인생과는 아무런 관계도 없단다. 물론 일시적으로야 기분이 좋거나 상하기도 하겠지만 가만히 들여다보면 그저 스쳐 지나가는 바람과 같은 것이란다. 아무것도 아니란다. 나는 나일 뿐이니까. 스스로가 자신을 의미 있는 사람으로 생각지 않는데 하물며 남이 나를 어떻게 소중하게 생각하겠니.

당당한 자신의 삶과 인생! 무소의 뿔처럼 내 꿈과 이상을 위해

당당히 걸어가는 삶의 자세가 중요하단다. 그 삶의 주인공이 되어야지 끌려가는 삶을 살아서는 언제나 피곤하고 불행하단다.

아빠는 친구 좋아하고 놀기 좋아해 주변에 쉽게 휩쓸리다 보니 지금에서야 때늦은 후회를 많이 한단다. 남이 나를 어떻게 생각하는지를 염려하고 걱정하는 것은 결국 너의 인생이 그 사람의 그림자 인생이나 다를 것이 없단다. 실체가 없는 삶 말이다.

자신의 삶을 소중하게 가꾸자면 어떻게 해야 할까?

우리의 삶을 들여다보면 세 부분의 연속이란다. 지나간 과거와 현재 그리고 다가올 미래! 정아 지금 함께 생각해 보자꾸나.

과거라는 게 무엇일까? 바로 지금 현재 이 순간이 흘러간 것이 과거가 아니니? 그리고 흘러간 과거는 실재하는 것이 아니라 이미 사라지고 없는 허상이란다. 단지 기억 속에만 남아있을 뿐 실체가 없는 것이지. 자기 성찰과 타산지석의 기회로 활용해야지 아무리 후회하고 되돌리려 한들 아무런 소용이 없단다. 이미 흘러간 물일뿐이야. 그러니 과거에 얽매일 필요가 전혀 없는 것이란다.

미래라는 어떤 것인가? 말하자면 미래의 너의 꿈같은 것 말이지. 그 역시 현재 지금 이 순간이 흘러간 것이 미래란다. 내일은 미래지만 지금 이 순간이 흘러가면 내일이라 생각했던 것도 현재 이 시점이 되어버리지. 그렇지 않니? 미래 역시 실체가 없는 허상에 불과한 것이란다. 그러니 삶에 있어서 가장 소중한 시간은 바로 지금 여기 현재 이 순간이란다. 이 순간이 곧 과거요, 현재요, 미래란다.

　이 순간은 너의 인생의 처음이자 마지막이요, 또 단 한 번 뿐인 삶의 실재란다. 바로 지금 현재 이 순간 내가 무엇을 하고 있는지? 어떤 선택을 하는지? 늘 느끼면서 행동하는 삶! 꼭 가슴에 새겼으면 한다.

　사랑하는 딸아! 인간은 관계의 동물인지라 늘 주변을 의식하지 않을 수 없지만 항상 매 순간순간 깨어있는 의식으로 현실을 바라본다면 너의 삶, 너의 인생은 아름답지 않을까 싶구나.
　'아빠가 무슨 횡설수설?'이라고 생각할지도 모르겠구나. 그래, 그래도 좋단다. 인생의 선배로서 너에게 들려주고 싶은 아빠의 생각일 뿐이니까.
　너무 말이 많았구나. 하루하루가 즐거운 나날이 되기를 바랄께! 사랑하는 아빠가. 안녕.

2학기를 시작하는 딸에게 보낸 편지입니다.

　사랑하는 예쁜 딸 정아.
　방학이 끝나고 2학기 생활을 시작하니 어떠니? 오랜만에 헤어졌던 친구를 만나 커피도 마시고 방학 중 소중한 여행 체험도 나누고 하겠지.

참, 정이도 아주 대단한(?) 여행을 했잖니. 거대한 대륙 중국 말이야. 러일 전쟁의 격전지와 안중근 의사가 갇혔던 여순 감옥도 둘러보고, 동해바다가 손에 잡힐 듯한 대련의 푸른 바다에 발도 담가보고.

아빠는 지금 점심으로 청국장을 먹고 잠시 쉬면서 이 글을 쓴단다. 항상 너희들을 병아리처럼 품고 사랑해주는 엄마와 씩씩한 재도 생각하면서. 정아. 정말 이 세상에서 가장 소중한 것이 무엇일까? 돈? 사랑? 명예? 아니면 위대한 인물? 남을 위한 봉사와 희생?

물론 세상을 살아가는 데 있어서 못 가진 것보다는 더 가진 것이, 못 이룬 것보다는 더 이룬 것이 여러 가지 면에서 좋겠지. 그러나 무엇보다 소중한 것은 물질과 외양이 아닌 자신의 삶이란다. 타인의 힘에 끌려가는 삶이 아니라, 내가 내 자신의 진정한 주인이 되어 사는 삶이란다.

수처작주隨處作主의 삶! 중국의 유명한 임제 선사가 하신 말씀이란다. "수처작주隨處作主 입처개진立處皆眞"이라고 자신이 어느 장소, 어느 위치에 있던지 자신이 주인이 된 삶을 살아야 한다는 뜻이란다. 어떤 경우에도 자신을 잊어버리지 말고, 상황에도 이끌리지 않고 주체적인 삶을 사는 것이 바로 온전한 자신의 삶을 사는 것이요, 진리의 삶이란 말씀이란다.

온전한 자신의 삶! 그러면 자신을 존중하고 사랑할 줄 아는 여유로운 삶의 자세가 생겨난단다. 상황을 깊게 바라볼 줄 아는 판단력도 더해지고, 처신 하나하나에도 진중해지고 말이다.

자신이 주인 된 삶을 살자면 어떻게 해야 되겠니? 바로 지금 여기, 이 순간에 늘 깨어있어야 하겠지. 내가 무엇을 하는지, 하는 행위가 무엇인지 인식하고 늘 자신의 내면을 주시하면서 사는 삶 말이야.

우리는 누구나 행복이라는 파랑새를 꿈꾸지. 진정한 행복이란 물질적인 행복이 아니라 내면의 행복이란다. 물질적인 외형이 가져다주는 행복은 언제나 불안정하고 일시적이야. 바깥 상황이 바뀌면 그 상대적인 조건도 이내 변하기 때문이지. 그러니 실제가 아닌 허상이란다. 행복은 늘 상대적이란다.

어제가 없는 지금이 없듯이, 고통이 없는 행복이란 없단다. 배를 곯아보지 않으면 굶주림의 고통을 알지 못하듯이, 늘 행복하다면 진정한 행복이라는 것을 알 수가 없지 않겠니? 고통과 행복, 불행 이런 추상적인 감정들은 그야말로 감정의 순간적인 산물일 뿐이지 영원한 실재가 아니란다. 그러니 흔히들 영원한 고통도 영원한 불행도 없다고 하지.

행과 불행, 번뇌와 고통, 성냄과 어리석음 이 모든 것은 마음이 지어낸 허상에 불과한 것이야. '내가 누구인데, 나는 어떠해야 되는데, 남들이 나를 어떻게 생각할까?' 하는 이런 마음들은 바로 네가 주인 된 삶이 아니라 주변과 상황의 종이 된 삶이란다.

자신이 주인인 삶! 진정 자신을 사랑할 줄 아는 삶!

캠퍼스의 낭만과 공기를 마음껏 호흡하면서 늘 깨어있는 삶을 사는 지혜로운 정이가 되었으면 한다. 참 그리고 정이 집 현관에 걸린 글이 있지. 하심下心! 늘 겸손한 마음 말이다. 모자람은 채워지지만 넘침은 덜어낸단다. 낮춤은 미덕이지만 교만은 화를 부른단다.

알차고 보람 있는 2학기 생활이 되기를 바라면서. 사랑하는 아빠가.

미리 써 보는 유언

유언이란 자신이 죽은 뒤에 지켜지기를 바라는 산 자의 불확실성에 대한 믿음입니다. 이 세상을 영원히 떠나면서 남기는 마지막 독백이기에 더욱 간절할 것입니다. 자신의 육신이 사라진 이후에 행해질 일들이기에 더욱 경건한 마음일 것입니다.

만약 내가 지금 죽음을 앞두고 있다면 어떤 유언을 남길 것인가? 지금 그런 심정으로 유언장을 써보고자 합니다.

내가 한생을 살아오면서 만났던 인연들이여. 참으로 감사하고 고맙게 생각합니다. 나로 인해 상처받고 고통 받은 이들에게 진심으로 참회합니다. 그대와의 인연이 곧 내 삶의 모든 것이라는 사실을 미처 깨닫지 못했습니다. 그 소중한 나눔의 숨결을 나의 어리석음으로 이해타산으로만 헤아렸습니다. 그대 곧 나였다는 사실을 이제야 알게 되었습니다.

　내 소중한 인연들이여! 이제야 용서를 구합니다. 그대야 죽건 말건 내가 풍족하고 나만 편하면 그만이었습니다. 부끄러웠던 내 자신의 탐욕스러웠던 마음에 진정 용서를 구합니다. 다음 생이 주어진다면 내 다시는 결단코 이 같은 어리석음을 짓지 않겠습니다.
　마지막 가는 길을 눈앞에 두고 보니 작은 돌멩이 하나에서부터 풀뿌리와 나뭇잎, 벌레소리, 물소리, 바람소리, 산새소리 그 모두가 생의 환희요 찬가였습니다. 그러나 나는 미혹으로 인해 그 환희의 노래를 듣지 못했습니다. 귀머거리에 눈 뜬 장님이었고 사랑하는 사람에게 그대를 진정 사랑하노라고 말 한마디 할 줄 모르는 벙어리였습니다. 내 눈과 귀, 코와 입맛과 생각에 맞는 감각만 챙기고 반응하는 불나방 같은 인생이었습니다.
　내 삶은 영원한 줄 착각했습니다. 지금 내쉬면 들이쉬지 못할 이 숨결이 죽음이라는 것을 지금 이 순간에야 깨쳤습니다. 그러니 나를 아는 벗들이여! 그리고 만났던 모든 인연들이여! 바로 지금 이 순간만이 그대의 단 한 번뿐인 삶이자 생의 가장 완벽한 순간이라는 사실을 명심하소서! 그대가 숨을 쉬며 사는 지금 이 순간은 어제 죽은 영혼들이 그토록 살고 싶어 했던 날들이라는 사실을 마음에 새기소서! 지금 내 자신이 맞는 이 최후의 순간을 그대도 곧 맞게 될 것인즉, 나만은 아니라는 어리석음에 제발 물들지 마시라.

그리고 내 사랑하는 가족들에게 말하노니 살아있을 때, 조금이라도 건강할 때 그대들의 삶과 인생을 즐기라. 오늘 이 순간이 처음이자 마지막 생인 것처럼 간절하게 살아라! 그리고 모든 것에 감사할 줄 알아라.

그리고 절대 나의 육신 앞에서 눈물을 흘리지 말라. 이별은 슬픈 일이기도 하지만 그 누구도 피해갈 수 없는 법. 죽음은 그대들이 알지 못하고, 알 수도 없는 또 다른 삶의 여정이거늘 떠나는 길 축복해 주시라. 부디 부처님의 진리의 정토에서 극락왕생하기만을 빌어 주시라.

나의 육신은 화장해서 강물에 뿌려라. 절대 묘비도 무덤도 쓰지를 마라.

사랑하는 벗들이여! 나의 인연이여! 어리석었던 나의 삶이여! 안녕!

날이 추워야
송백이 늦게 시든 줄 안다

친구! 영원히 죽도록 듣고 또 들어도 잊지 못할 그리움의 단어가 친구이지요. 친구라 해서 모두가 다 친구인 것은 아닙니다. 잠시 그저 친구인 척 흉내 내는 그런 친구가 대부분이지요. 친구란 이래야 된다, 저래야 된다는 고귀한 공자 같은 말씀은 많지만 어디 당신 곁에 이런 친구가 있습니까? 이런 친구 말입니다.

당장 제 집구석에 땟거리가 없어도, 없는 표정 하나 없이 친구를 위해 기꺼이 내놓는 친구, 자신은 쌀 한 톨이 아까워 벌벌 떨면서도 친구를 위해서는 쌀 열 섬도 기꺼이 마다않는 친구, 자기는 굶주려 배에서 꼬르륵 소리가 나도 친구 앞에서는 배부른 척 흘트림하는 친구, 그대에게는 어디 그런 친구가 있습니까?

저에겐 그런 친구가 있습니다. 타인에게는 말썽 많고 탈 많은 친구일지 모르지만 저에게는 선비요, 공자 같은 친구가 있습니다. 제가 검은 콩을 가지고 흰 콩이라 해도 "그래 달구야, 흰 콩이 맞다."라고 하는 그런 친구가 있습니다. 남들처럼 좋은 대학 나오고 남들처럼 좋은 지위에 있어서가 아니라, 친구를 위하는 우정만큼은 이 세상 그 어느 위인보다도 더 받들 줄 아는 그런 친구가 있습니다.

그 친구의 이름을 밝힐 수 있지만 그냥 영원히 제 가슴에만 고이 묻어두고 싶습니다. 널리 알려서 그 친구를 난처하게 하기 싫어서입니다. 그 친구는 자신을 드러내기보다 오히려 친구가 더 빛나고 진정 친구가 더 잘되기를 바라는 그런 녀석이기 때문입니다.

제가 소위 잘나갈 땐 근처에도 나타나지 않습니다. 그저 멀리서 말없이 지켜보기만 합니다. 그러다 제가 조금이라도 힘든 낌새를 보일 때면 어김없이 달려와 '너 힘들지?' 하며 말없이 손을 내밀어 일으켜 세우려 안간힘을 쏟습니다. 전 그런 친구에게 한 번도 "친구야 고맙다."라는 한마디를 하지 못했습니다. 그런 말을 한다는 게 오히려 그 친구를 욕보이게 하는 말이라는 것을 잘 알기 때문입니다.

철없던 시절 만나 서로 우정을 나누고, 제가 군에 갔을 때는 명절 때마다 단 한 번도 거르지 않고 저희 부모님을 꼬박꼬박 찾아뵙고 인사를 올렸던 그런 친구입니다. 그러면서 제게 단 한 번의 부탁을 해오는 일이 없었습니다. 부탁이라도 해보라고 하면 어김없이 날아오는 대답은 "미친 놈! 너나 잘해라."라는 욕설입니다.

자신의 목숨을 버려서 친구의 목숨을 대신할 수 있는 그런 친구가 어디 당신 곁에 있습니까? 제게는 그런 친구가 있습니다. 저 역시 기꺼이 그 친구를 위해 이 목숨을 바쳐야 한다면 그럴 용의가 있습니다.

어느 날 제가 다른 친구의 보증을 섰다가 몹시 힘들어한다는 소식을 어디선가 전해 듣고 노발대발해서 달려왔습니다. 다짜고짜 욕설에 육두문자로 떠들면서 도대체 얼마냐고 다그쳤습니다.

말이 떨어지기가 무섭게 자기 마누라에게 전화를 걸어 빨리 이곳으로 오라고 했습니다. 그러고는 지금 통장에 얼마가 있는지, 적금을 깨면 얼마나 되는지 물었습니다. 당장 내일 이 친구 통장으로 돈을 보내줘야겠다고 했습니다.

친구의 부인 역시 "당신이 그렇게 못 살고 죽는 친구인데 당신이 알아서 하면 되지 왜 나한테 묻습니까?" 하는 것입니다. 그리고는 한마디 덧붙여서 "나는 당신 참 노랭이인줄만 알았는데 그래도 친구한테 하는 마음 씀씀이를 보니 오늘 새롭게 보이네요." 하는 것입니다.

괜찮다고 했지만 막무가내였습니다. 돌아서자 끝내 눈물을 주체할 수가 없었습니다. 아무리 내가 냉혈한이고 철면피 같고 심장에 털이 난 놈이라 해도 쏟아지는 눈물을 어찌할 도리가 없었습니다. 그리고는 욕설을 했습니다. "호야! 너는 참 나쁜 놈이다. 네 마누라는 더 독한 여자야."라고 원망 아닌 원망을 해야 했습니다.

제게는 이런 친구가 있습니다. 삶에 있어서 단 한 사람의 소중한 친구만 있으면 행복하다고 하는데 그리고 보면 저는 참 행복에 겨운 사람입니다. 복이 많은 사람임에 틀림이 없습니다.

공자가 말했습니다. "날이 차가워진 후에야 송백이 늦게 시든 줄 안다." 진정한 친구는 그대가 어렵고 힘들었을 때 드러나는 법입니다. 세상으로부터 버림받고 절망에 힘겨워할 때 말없이 다가와 손을 잡아 일으켜 세우고 포근히 어깨를 감싸는 친구가 진정한 친구입니다. 잘나갈 때의 친구는 도처에 널려있습니다.

중국 고사에 '망진이배望塵而拜'라는 말이 있습니다. 멀리서 고관대작이 탄 수레가 먼지를 일으키는 것만 봐도 그 즉시 땅에 머리를 박고 절하는 인간 부류 말입니다. 정승 집의 개가 죽으면 문전성시를 이루지만, 정작 정승이 죽으면 개미 한 마리 얼씬거리지 않는 게 세상의 인심입니다.

제 친구는 진정 받기보다 주기를 더 좋아하는 친구입니다. 저는 주기보다 받기를 더 잘하는 못난 친구입니다. 다시 태어나도 그 친구의 소중한 우정을 기억하고 싶습니다. 이 자리를 빌려 진정 고맙다는 말 하고 싶습니다. 친구야! 사랑해! 우리의 우정 영원히 변치 말자!

그리고 저도 친구들에게 신성 그런 친구로 남고 싶습니다. 삶이 다하는 날까지 언제건 다시 만나고 싶어 하는 그런 친구로 기억되고 싶습니다.

나를 우편으로 부쳐주오

안동은 예로부터 유림의 고장이라 일컬어왔습니다. 서애 유성룡 선생에서부터 학봉 김성일, 퇴계 이황 선생 등 숱한 인물과 묵객을 배출한 고장이기 때문입니다.

옛날 안동의 입향入鄕 시조는 의성 김 씨와 안동 권 씨, 흥해 배 씨, 고성 이 씨, 영양 남 씨 등 일곱 성씨였다고 합니다. 일곱 문중의 어른들이 우애와 친목 도모를 위해 계를 맺어 7백여 년이 넘도록 지금까지도 이어오고 있습니다. 그 계첩은 우리나라에서 가장 오래된 계첩으로 당시의 사회상과 문화, 풍습, 인물, 문중간의 교류 등 모든 실상을 파악 할 수 있는 귀중한 문화유산이기도 합니다.

한동안 안동에서 근무했기에 이 계첩을 당시 MBC 뉴스데스크를 통해 보도한 적이 있습니다. 덕분에 특종상도 받았습니다. 국보와 보물로 지정된 숱한 고서와 유적 못지않게 당시 안동 고을의 어른들은 풍류 또한 넘쳤다고 합니다.

안동의 한 집안 종손으로부터 전해들은 일화입니다.

옛날에 어른들은 일 년에 한두 차례 돈을 추렴하여 한양을 유람하기도 했다고 합니다. 어느 해 여름인가 다섯 어른들이 한양을 유람하기로 하고 여행길에 올랐습니다. 당시 안동에서 한양까지 가려면 안동역을 출발해서 청량리역에 도착하는데, 무연탄 열차가 유일한 교통수단이고 보니 꼬박 하루가 걸렸다고 합니다.

이 어른들이 한양까지 가는 동안에 그냥 온전하게 있을 리는 물론 없을 터! 들뜬 기분에 '한잔하세 그려' 하며 벌인 술판이 식을 줄 모르고 밤새도록 이어졌습니다. 이른 새벽 청량리에 내렸을 때는 이미 술이 고주망태가 된 상태, 쓰린 속을 달래려고 해장국을 파는 주막집을 찾았나 봅니다.

글쎄 얼마나 드셨는지 가져온 돈을 죄다 밤새 열차 안에서 마시는 술값으로 써 버려 밑천이 다 드러났습니다. 한양 유람은커녕 해장국 하나 사먹을 돈이 없었다는 것입니다. 낭패감에 젖어있는데 한 어른이 기지를 발휘했습니다.

저쪽에 모르는 일행이 앉아서 해장술을 들고 있는데 이 어른이 다가가 다짜고짜 자리를 하나 차고 앉았습니다. 일행 가운데에 끼어서 오가는 술잔을 가로채 한잔 쭉 들이켜고 있는데 가만히 보니 웬 낯선 사람이 끼어서 술을 받아 마시고 있는 것입니다. 아니, 이

양반이? 하고 따지려는 찰나에 사실 저는 안동고을에 사는 누구누구라는 사람인데 하고 자신을 밝히고는 저간의 사정을 얘기했습니다. 저기에 안동에서 같이 올라온 일행이 있는데 해장국 한 그릇만 먹을 수 있도록 해주면 나중에 안동에 가서 돈을 부쳐 드리겠노라고 말입니다.

요즈음 같으면 난리가 났을 터이지만 옛 선조들의 가슴엔 어려운 사람을 보면 흔쾌히 도와주는 훈훈한 인정과 나름의 풍류가 있었나 봅니다. 즉석에서 승낙을 얻어 해장국으로 쓰린 속은 달랬는데 한양을 곁에 두고도 유람할 돈 한 푼 없고 보니 그만 포기하고 다시 안동으로 되돌아가기로 했습니다. 그런데 내려갈 여비조차 없었습니다.

이때 또 한 어른이 기지를 발휘했습니다. 지금 주머니에 있는 엽전 죄다 털어보라고. 그리고는 일행에게 자신을 따라오라고 했습니다.

그렇게 찾아간 곳은 엉뚱하게도 우체국. 가까스로 우표 살 돈은 되었나 봅니다. 우표 다섯 장을 사서는 각자의 이마에 붙이고 우체국 창구 직원에게 다가갔습니다. 그리고는 지금 우리를 안동 땅으로 보내 달라고 했습니다.

어리둥절해 하는 직원에게 당당하게도 지금 이마에 이렇게 우표가 있고, 사는 주소인 입도 여기 있으니 막무가내로 부쳐 달라는 것입니다. 직원이 하도 기가 막혀서 물으니 이렇고 저렇고 자초지종을 말했습니다. 그래서 우체국 직원이 나중에 안동에 도착해서 보내 주시라며 기차표 값을 주기에 한양은 구경조차 하지 못하고, 다시 안동으로 내려왔다는 얘기입니다.

사실인지 전해 내려오는 이야기인지는 확인할 길이 없습니다. 하지만 먹을 것, 입을 것 하나 변변치 않았던 시절 우리의 선조들에게 남다른 여유와 지혜가 있었던 것만은 분명합니다. 비록 집에 먹을거리가 없다 해도 마음과 인심만은 늘 보름달처럼 넉넉했습니다. 진정한 삶의 맛과 멋을 알았습니다. 그리고 그것을 함께 향유했습니다.

그러나 지금의 우리는 너무나도 많은 것을 잃었습니다. 물질 앞에 소중한 혼과 정신을 잃었습니다. 더불어 함께하는 배려의 문화가 사라지고, 오직 나만을 위한 폐쇄적이고 이기적인 삶이 참된 삶인 양 야박한 세상이 돼버렸습니다.

물질은 풍부한데 정신은 빈약한 동물적인 사회가 돼가고 있습니다. 오늘날 우리에게 무엇보다도 필요한 소중한 문화유산은 우리 옛 선조들의 해학이 넘치는 낭만과 풍류의 문화가 아닐까 합니다. 다급할수록 돌아갈 줄 아는 지혜 말입니다.

나는 이런 사람이고 싶다

나는 이런 삶을 살고 싶습니다.

지금 이 순간 들이쉬고 내쉬는 숨의 경이로움에 감사하는 삶을 살고 싶습니다. 들숨은 생의 부활이요, 날숨은 죽음의 나락이라는 숭고한 진리 앞에 항상 겸손하고 깨어있는 삶을 살고 싶습니다.

가족이라는 이름으로 한 지붕 아래에서 함께 숨을 쉬며 생활하고, 부대끼고 의지하는 사람들에게 진실로 감사하고 고마움을 느낄 줄 아는 사람이 되고 싶습니다. 늘 만나는 사람, 스쳐 지나가는 사람조차 소중한 인연임을 알고 감사할 줄 아는 사람이고 싶습니다. 그대가 곧 나고, 나가 곧 그대가 아닙니까?

하늘과 땅, 산과 들, 그리고 바람과 비, 사계절의 변화가 우주의 진리임을 알고 감사할 줄 아는 사람이 되고 싶습니다.

아픈 사람이 있으면 아픔을 함께 나누고, 슬픈 사람이 있으면 함께 슬퍼하며 눈물을 닦아줄 줄 아는 그런 따뜻한 가슴을 품고 사는 사람이 되고 싶습니다. 나보다 남을 먼저 생각하고, 원망과 비난보다는 사랑과 이해로서 감싸줄 줄 아는 배려의 삶을 살고 싶습니다. 남을 속이기보다는 차라리 내가 속는 사람이고 싶습니다. 아득한 옛날에도 아득한 미래에도 그리고 지금 이 순간에도 둘이 아닌 영원히 하나 된 자비와 사랑의 삶을 나누고 싶습니다.

이 생명이 다하는 날까지, 아니 죽어서라도 진리의 삶을 살고 싶습니다.

부처님의 말씀에 감사하고 사랑하고 베푸는 마음에는 꼭 물질적인 것만 아니라 우리가 생활하는 환경에서 얼마든지 행할 수 있다 하셨습니다. 다른 사람을 바라볼 때 다정하고 웃는 눈빛으로 보고, 말 한마디를 해도 따뜻한 위로와 격려의 말을 전하고, 얼굴도 성난 표정보다는 항상 온화한 표정을 지으며, 남이 말할 때 귀 기울여 들으려하며 아픔을 함께하려는 태도가 바로 그 어떤 보시報施보다도 무한의 선업을 쌓는 공덕이라 했습니다.

죽는 날까지 남에게 조금이라도 불편하고 불안한 마음을 주지 않는 그런 공덕을 쌓고 싶습니다. 부처님의 무한 공덕인 법신法身과 보신報身, 화신化身의 삼보三寶에 귀의한 무여열반無餘涅槃의 삶을 살고 싶습니다. 바로 지금 이 순간부터!

그리움의 향기

살아가면서 가끔씩 외로움을 느끼거나, 추적추적 비가 오는 밤 홀로 있을 때면 문득 보고 싶어지는 얼굴들이 있습니다. 먼저 얼굴이 떠오르고, 맴돌던 이름이 떠오르고 그리고 지나간 추억의 그림자가 더욱 진한 그리움으로 다가옵니다. 그리고 그 사람의 향기가 전해옵니다.

그리움의 향기! 가까이 있으면 금방이라도 달려가 따뜻한 커피 한잔 나누면서 그대가 보고 싶었노라고 고백이라도 하고 싶건만 하는 진한 아쉬움만 남습니다. 그대가 어떤 도움을 줘서가 아닙니다. 날 기억해줘서도 아닙니다. 더욱이 날 죽도록 사랑해서도 아닙니다.

그대가 내 곁에 있다면 마냥 마음이 편안해지고 난초의 향처럼 청초한 순정의 향기가 가득 풍겨나는 그런 사람으로 기억되기 때문입니다. 오래 묵은 된장처럼 묵으면 묵을수록 더욱 진한 맛이 풍겨 나는 그런 맛으로 남아 있기 때문입니다.

그런 인간의 향기는 멀리 떨어져 있으면 있을수록 오랫동안 보지 못하면 못할수록 더욱 그립습니다. 동자승처럼 까까머리에 철없던 시절, 궁벽한 두메산골의 초등학교 교정에서 함께 뛰놀던 코흘리게 친구들이 바로 그런 친구들입니다.

매주 5일 장날이면 학교에 오지 않고, 나무 짐을 지고 장에다 팔러 나가는 아버지의 뒤를 따라 닭 한 마리를 안고 나섰던 재 너머 찻골 마을의 홍구! 20리 먼 길을 걸어가야 하는 장터지만 당시에는 그 친구가 그렇게 부러웠습니다.

동네에서 악동 짓은 혼자서 다하고 다녔던 재철이! 궁벽한 시골에서 부드럽고 향기 나는 카스테라 빵을 난생 처음 맛보고 황홀해했던 그 시절. 이 빵을 훔쳐서 실컷 먹자는 이 친구의 제안에 망을 봐주다가 들통이 나는 바람에 어머님께 죽도록 혼이 났습니다.

또래보다 덩치가 커서 언제나 어른스럽게 과묵했던 동평리의 상범이! 우리 집이 대구로 이사를 와서 고등학교에 다니던 시절 우연히도 바로 우리 옆집 이발소에 보조수로 취직했던 옥곡리의 창호! 내 머리만큼은 두 번, 세 번, 머리 밑이 아프도록 정성스레 감겨 주었던 그 친구가 그리운 친구들을 뒤로하고 먼저 떠났다는 슬픈 소식을 전해 들었습니다. 가난했던 시절이라 중학교에도 진학하지 못하고 대도시로 나와 이발소에서 머리 감겨주는 보조원으로 일하며 받는 돈이 몇 푼이나 되었을까마는, 나는 학생이고 그래도 자기는 돈을 번다며 언제나 월급날이면 조용히 불러서 맛있는 자장면을 사주곤 했던 친구였습니다.

아름다운 시절, 아름다운 우정의 친구들이었습니다. 이젠 그동안의 그리움의 시절은 기억의 편린 속에서나 더듬어 느낄 수 있는 추억이 됐습니다.

문득 저를 돌이켜 생각해 봅니다. '나는 그런 친구들에게 어떤 모습으로 기억될까?' 세월이 흐른 만큼 저는 변해도 너무 변한 것 같습니다. 아무리 찾으려 해도 순수성과는 거리가 먼듯하고, 남을 위한 배려보다는 나 자신의 이해타산을, 나보다 남이 잘되면 진심 어린 축하보다는 뒤돌아서면 조금은 배가 아픈 그런 속물근성에 젖어있습니다.

아무리 나는 그런 사람이 아니라고 스스로 부정해보아도 세속적인 삶의 한계를 벗어날 수 없는 사람임에 틀림이 없음을 제 양심이 긍정하고 있습니다.

지금부터라도 그 시절 그런 친구들과 같은 티 없는 가슴으로 살고 싶습니다. 그리운 인연이 되고 싶습니다. 저도 사람의 향기가 묻어나는 사람이 되었으면 합니다. 친구에게로 이웃에게로 바람결 따라 한없이 퍼져나가는 향기로운 사람이 되고 싶습니다. 이것만은 꼭 과욕을 부리고 싶습니다.

잊지 못할 인연
-학성 큰 스님

삶은 한바탕 꿈이라기에 꿈같은 인연 얘기를 하고자 합니다.

경북 영천 북안면 고지리 아늑한 산기슭에 만불사라는 대가람이 있습니다. 산 능선과 계곡 전체가 가람이요, 멀리 앞산에는 부처님이 누운 형상인 와불臥佛이 바라보이는 성전입니다. 산 능선에는 33미터 높이의 아미타 부처님상이 우뚝 서 있어 멀리 고속도로에서도 보일 정도입니다. 규모 면에서나 신도 면에서도 영남 제일의 가람이라 해도 과언이 아닙니다. 이곳 회주이신 학성 스님이 허허벌판의 터전에 중생구제의 원력을 세우시고 30여 년간 혼신의 힘을 쏟아 이루신 원찰입니다.

학성 큰 스님과 맺은 스님과 불자로서의 인연은 그 허허로운 터전에 벽돌 한 장 놓으실 때부터 지금까지 족히 20여 년 넘게 이어 오고 있습니다. 그 세월 동안 큰 스님과 만불사의 도량은 언제나 제 마음의 안식처이자 의지처였습니다. 못난 중생으로서 속세의 고단함과 아픔을 청하면 언제나 거절하신 법이 없었고 큰 위안과 격려를 주셨습니다.

어찌된 영문인지는 지금도 알 수 없지만, 스님께서는 내게 무슨 일이 있을 때마다 예견하신 듯 전화를 주시곤 했습니다. 장모님이 갑작스레 돌아가셨을 때는 느닷없이 "슬픈 얼굴을 하고 있더라."라 며 무슨 일이냐고 물어 오셨습니다. 경황이 없던 차에 사찰 경내에 있는 부도탑 터전에 장모님의 영원한 안식처를 마련해 주셨습니다.

가뭄에 콩 나듯 어쩌다 한번 찾아뵈면 가난한 사찰에 무엇이 있으랴마는 무엇이든 주지 못해 안달이셨습니다. 무더운 한여름에는 한사코 사양해도 당신이 쓰시던 부채를 주셨고, 돌아서는 길엔 꼭 참기름 한 병이라도 챙겨 주시곤 했습니다. '불자가 시주는 못할망정 이래서야….' 하는 자괴감이 들곤 했습니다. 염치없게도 저는 그 은혜의 백분의 일도 갚지 못했으니 늘 송구스러울 따름입니다.

학성 스님께서 들려주신 한결같은 법문은 바로 '자리행 이타행自利行 利他行'입니다. 모든 인연을 맺고 가꿈에 있어서 서로서로 모두가 좋은 상생의 삶을 살라는 가르침입니다.

한번은 '묵죽黙竹'이라 쓴 큰 글씨를 건네주시며 잘 간직하라고 하셨습니다. 깨고 보니 꿈결이었습니다. 묵죽! '검을 묵墨' 자에 '대나무 죽竹' 자. 아마 화두를 내려주신 것 같은데 미련한 중생이고 보니 침잠해서 이를 타파하기보다 그저 헤아림으로 가슴에 세기고 있습니다. 교만함보다는 속이 빈 대나무처럼 마음을 텅 비우고, 천년의 세월에도 변치 않는 묵향처럼 향기롭고 올곧은 삶을 살라는 가르침일 것이라고 자의적인 해석만 하고 있습니다.

그런데 최근의 일입니다. 만불사로 스님을 찾아뵈었으면 하는 생각이 일었는데, 마음만 있을 뿐 이런저런 핑계로 계속 미루고 있을 무렵이었습니다. 갑자기 대구로 급히 가야 할 일이 있어서 서울역에서 기차를 타기 위해 기다리는데 저만큼 앞서 가시는 스님 한 분의 뒤 자태가 몹시도 낯익은 모습이었습니다.

불현듯 '학성 스님?' 하는 생각이 들어 달려가서 확인해 보니 정말이었습니다. 나도 모르게 큰 소리로 "스님!" 하고 외치니 스님도 뜻밖이라 놀라셨습니다.

대구를 떠나서 온지 한 5년도 더 지난 세월이었습니다. 스님은 가방을 여시더니 제가 쓴 이 책 『그대 인연을 사랑하라』를 서울로 올라오시는 내내 읽었다며 보여주셨습니다.

학성 스님과 서울역에서의 짧은 만남을 인연으로 해서 뜻하지 않은 영광과 은혜를 또 입게 되었습니다. 학성 스님의 적극적인 주신으로 감격스럽게도 대한불교조계종 총무원장이신 자승 스님의 귀한 추천사를 받게 되었습니다. 그 누가 와도 단 한 번도 추천사를 써주신 적이 없다는 그 귀한 글을 받았습니다.

아! 그렇습니다. 인연이란 참 이렇게도 감격적이기도 하고, 극적이기도 하구나 하는 생각을 떨칠 길이 없었습니다. 우리네 삶은 곧 인연 이야기요, 인연의 끈이 곧 삶의 순간들입니다. 인연의 고귀한 연줄은 끊긴 듯해도 끊어진 것이 아니요, 이어져도 이어진 것이 아닙니다. 못나고 잘못된 인연이 어디 있겠습니까. 모두 자기가 하기 나름이지요. 다만 미혹한 중생들이기에 진정 그 소중함을 보지 못하고, 느끼지 못할 따름일 뿐입니다. 사량 분별하고 간택하는 마음이 그르칠 뿐입니다.

간절하면 통하게 되어 있습니다. 그것이 인연입니다. 오늘 지금 이 순간도 나는 내가 알고 또한 나를 아는, 아니 잊혀지고 스쳐지나간 모든 인연들에게도 가슴속으로 감사의 인사를 드립니다. 그대와의 교감이 곧 나의 삶이요 인생의 바탕이 되었기 때문입니다.

혜안慧眼의 선사께서 말씀하셨지요. 사구四句를 여의고, 백비百非를 벼락 치듯 끊어서 참된 나의 혼불을 환히 밝히는 길만이 뭇 인연에 보답하는 길이라 거듭 생각합니다.

향기는 세월과 거리를 뛰어 넘는다

화려한 장미보다 나는 이름 모를 들꽃이나 호박꽃을 더 좋아합니다. 화려함 뒤에는 어쩐지 작위적인 냄새가 나지만 시골 들길이나 밭둑가에 핀 들꽃에는 수줍음과 은은함이 배어 있기 때문입니다.

들꽃의 향기를 맡다 보면 도회의 화려한 불빛이 아닌, 영롱한 아침 이슬과 밤하늘의 은은한 달빛을 벗 삼은 순수한 청초함이 가슴 속으로 전해지기에 더욱 그렇습니다. 들꽃은 누가 알아주지 않아도 그 누가 사랑해 주지 않는다 해도 언제나 변함없이 해맑게 그 자리를 지키고 있습니다.

내가 만난 동곡 권용섭 선생도 그랬습니다. 내가 겪고 보고 느낀 동곡 권용섭은 화려한 개량종 장미가 아닌 토종 호박꽃이었습니다.

동곡은 수묵화가입니다. 수묵화에 겨레의 얼과 정신을 집어넣어 그린 아름다운 내 나라, 내 땅의 속살을 지구촌 곳곳에 내걸어 세계인의 가슴에 큰 감동을 주고 있습니다.

그는 50년 분단의 벽을 넘어 금강산을 다녀와서 전시회를 가졌고, 최초로 경찰청 초대 독도 순회전을 열어 온 국민의 잠자고 있던 독도에 대한 감성을 일깨운 화가입니다.

그는 늘 바람처럼 왔다가는 바람처럼 사라지곤 합니다. 어느 날 그가 불쑥 찾아와 작별인사를 해야겠다고 말했습니다. 미국 LA로 떠난다는 것입니다. 그것도 온 가족이 다함께 말입니다. 우리 땅 독도를 세계에 알려야겠다는 것이 그 이유였습니다. 참으로 황당하기까지 했습니다. 그렇게 바람처럼 떠난 지가 10여 년. 그간 독도 화가로서의 그의 활약은 브라질에서부터 독일, 중국, 스위스, 일본, 미국, 평양까지 거침없는 기행과 퍼포먼스로 지구촌 곳곳을 누비며 우리 땅! 독도를 온 세계에 알려왔습니다. 자신만의 독특한 '수묵속사'라는 영역을 개척해 경탄을 자아내기도 했습니다.

동곡이 떠난 한국예술계에는 지금 독도의 열풍이 불고 있습니다. 전시장에는 독도가 빠지면 작가 직분이 박탈되는 것처럼 너도 나도 독도그리기에 여념이 없습니다. 동곡 따라잡기에 경쟁이나 하듯 당신이 쓰던 독도에 관한 애칭과 캐치프레이즈가 유행하는 것을 보고 동곡의 선견지명에 경의를 표합니다.

그런 동곡과 나와의 만남은 30여 년 전으로 거슬러 올라갑니다. 무지한이었던 내게 그림에 대한 첫 호기심과 안목을 눈뜨게 한 장본인입니다. 강산이 변하고도 남을 세월 동안 내가 언제 어느 때, 어느 곳에 있건 동곡은 언제나 내 곁에 있었다 해도 과언이 아닙니다. 언제 어느 곳에 있건 동곡의 숨결은 늘 내 가까이에 있었고, 내 마음 또한 동곡의 언저리를 맴돌고 있었습니다. 그에게는 말과 표정과 행동 속에서 항상 진솔함이 묻어 나오고 있었기 때문입니다. 그 진솔함이 동곡을 내 가슴 속에서 잊혀지지 않게끔 만들었습니다.

잘은 알지 못하지만 예술을 하는 사람은 괴팍하고 변덕스럽다는 말을 많이 들었습니다. 그러나 적어도 동곡한테만은 부적절한 말입니다. 30여 년을 넘게 이어오는 교분동안 동곡이 단 한 번도 성을 냄도, 남을 탓함도, 투덜거림도 본 적이 없습니다. 그저 기뻐도 그렇고, 다소 억울함을 느낌직한데도 그렇습니다. 그저 빙그레 웃는 모습이 천진난만합니다. 하다못해 좀 모자란 듯합니다.

"허허, 남형! 다 그런 거지요 뭐!" 하는 게 그의 유일한 억울함입니다.

그의 화폭에는 언제나 순박함이 배어 있고 아늑한 고향의 향수와 정서가 서려있습니다. 동곡의 그림 속에는 자주 담배창고가 등장하기도 했습니다. 그 담배창고는 바로 담배 잎을 따서 말리는 그런 담배창고가 아니라 수백 년 우리네 삶과 정서와 한을 담아온 고향의 숨결이자 싱징이기도 합니다.

옛말에 착한 사람을 사귀되 난초와 지초같이 하고, 악한 사람은 뱀과 굼벵이처럼 멀리하라고 했습니다. 선악은 비단 선행과 악행의 개념이 아니라 그 사람의 근본 심성에 관한 측면일 것입니다.

묵은 장처럼 세월이 더할수록 더 맛이 우러나기보다는 필요에 따라 간에 쓸개까지 다 빼줄듯 하다가도 이용가치가 없다고 판단하는 순간 헌신짝 버리듯 하는 게 소위 잘나간다는 인간유형들입니다. 약삭빠른 고양이 밤눈이 어둡다 하지요.

 덧셈 뺄셈을 하느라 머리가 아픈 각박하고 영악한 세상일수록 약간은 모자란 듯하고 언제나 변함이 없는 그런 사람의 향취가 그립습니다. 순수함의 향기는 시간과 공간을 넘어 전해지기 때문입니다. 나는 동곡의 호박꽃 같은 그런 향기가 좋습니다.

2009.12 아이티에서 독도화가 권용섭

그대,
내 생을 알고 싶다면
지금을 보라

투이바이 추장의 외침

남태평양 사모아의 작은 외딴 섬에 한 부족이 살고 있습니다. 이곳 부족들은 문명 세계의 사람들을 '빠빠라기'라고 부른다고 합니다. '하늘을 찢고 내려 온 사람'의 의미라는 것입니다. 아주 오래전 선교사를 태운 돛단배가 수평선 저 멀리서 다가오는 모습을 본 원주민들이 돛을 마치 하늘이 찢어진 것으로 생각한 데서 유래되었다고 합니다.

'투이바이'는 이 부족의 추장입니다. 처음으로 문명세계를 접한 투이바이 추장이 원주민들을 향해 연설문 형식으로 기록한 글이 바로「빠빠라기」입니다. 문명 세계의 어리석음에 대한 소감문인 셈입니다. 첫 장부터가 슬며시 미소를 머금게 합니다. 겹겹이 겹쳐 입은 서구인의 의복 문화를 보고 던진 일갈—喝입니다.

빠빠라기의 몸은 머리부터 발끝까지 거적과 껍질로 싸여있다. 얼마나 단단하게 묶여있는지 눈빛이나 햇빛이 절대 안으로 들어갈 수 없다. 너무 꼭꼭 싸놓아서 몸이 깊은 원시림 속에 피어난 꽃처럼 꺼칠하고 창백하다. 몸에 얼마나 성가신 것들을 걸치고 다니는지 아는가? 가장 깊숙한 속에는 풀을 뜯어서 만든 얇은 껍질로 알몸을 감싸는데 그것을 위 껍질이라고 부른다. 그것을 입을 때는 머리 위로 올리고 나서 밑으로 잡아당겨 머리, 가슴, 팔을 지나 엉덩이 까지 내려오게 한다. 또 아래껍질은 밑에서부터 위로 당겨서 허리까지 올라오게 한다. (중략) 그리고 신발을 억센 짐승의 가죽으로 카누를 만들어 해가 질 때까지 발을 감싸고 다녀 발이 죽은 것처럼 악취를 풍기게 만든다. 그러니 우리는 우리의 몸이 태양과 대화를 나누고, 야생마처럼 달릴 수 있고, 거적으로 몸을 묶지 않아도 되고, 발 껍질을 무겁게 끌고 다니는 따위의 쓸데없는 걱정을 하지 않아도 된다는 것에 마음껏 기뻐하자. 그리고 우리 여자들도 해가 뜨건 달이 뜨건 몸을 아름답게 드러내 놓고 다니는 것을 행복해하자. 창피당하지 않게 온몸을 칭칭 감고 다니는 흰둥이들은 진정한 기쁨을 모르고 살아가고 있으니 불쌍하기 그지없다.

문명이라는 이름 아래 우리가 사는 현실의 행위들이 얼마나 가식적이고, 무의미하며 어리석은 것인지 정곡을 찌르는 통찰력이 아닐 수 없습니다.

비록 죽은 시신이 아니더라도 한 껍질만 벗겨내면 온갖 오물과 추악한 냄새로 가득 차있는 것이 우리 몸의 진실입니다. 오물 단지 나 다름없는 몸뚱이를 영원히 사라지지 않을 보물단지처럼 여겨서 겹겹이 싸는 것도 모자라 온갖 희한한 물질로 도배를 하고 있으니, 그의 눈에는 이상하다 못해 불쌍하게 느껴질 수밖에 없다는 생각이 듭니다.

'정작 비정상적인 사고를 하는 것은 투이바이 추장이 아니라 바로 문명인이라고 자부하는 우리 자신이 아닌가?' 하는 생각이 절도 듭니다.

문명세계를 향한 '투이바이' 추장의 이런 질타는 서곡에 불과합니다. '빠빠라기'는 아주 이상하고 삐뚤어진 사고방식을 갖고 있는데 무엇을 볼 때마다 그것이 자기에게 무슨 이득을 주는지, 자기에게 어떤 식으로 이로울지에 대해서만 생각한다는 것입니다. 오직한 사람 바로 자기 자신만을 위하고 생각한다는 것입니다. 특히 물질 만능적인 사고에 대한 그의 통찰은 충격적입니다.

흰둥이들이 사는 나라에서는 돈이 없으면 해가 떠서 질 때까지 아무것도 못한다. 돈이 사랑이고 신이다. 태어날 때도, 죽을 때도, 시체를 땅에다 파묻을 때도 죽은 사람을 기억하기 위해 무덤 앞에 돌을 세울 때도 돈을 내야만 한다. 돈을 받지 않는 것은 딱 한 가지, 원하는 만큼 공기를 들이마시는 것이다. 이 일조차도 알려지면 흰둥이들은 돈을 받아내기 위해 골몰할 것이다. 돈을 위해서라면 사랑도 명예도 심지어 부모와 처자식까지도 없다.

심장은 얼어붙고 피는 차갑다. 남을 속이고 거짓말하기 일쑤다. 그렇게 많은 돈으로 무엇을 할 것인가, 이승에서 사는 동안 입고 배를 채우는 것, 그것 말고는 더 이상 할 것이 없지 않나.

이렇듯 '투이바이'는 물질문명의 어리석음을 비판하면서 '빠빠라기'의 시간과 직업, 영혼의 관념 등에 대한 여러 가지 느낌을 부족들에게 전하고 있습니다.

'투이바이' 추장의 문명 세계를 향한 외침은 다시금 우리의 삶을 되돌아보게 합니다. 우리는 전정한 행복이 무엇인지에 대해 잘못 알고 살아가고 있다는 생각이 듭니다. 그저 물질이 가져다주는 편리함에 함몰되어서 영혼이 없는 고깃덩어리에 불과한 육신을 먹이고 살리는 일에 일생을 허비하고 있다는 생각에 심한 자괴감이 들기도 합니다.

행복은 바로 단순함과 비움에 있다는 진리를 새삼 깨닫게 되었습니다. 추장이 옳고 문명세계의 가치관이 잘못되었다 그런 논리가 아닙니다. 문명이라는 가치 아래 우리는 너무나도 신속하고 편리한 환경과 습관에 익숙해지다 보니 정작 삶의 고귀함과 존엄성을 잃어버렸다는 것입니다.

내가 누구인지? 어디로 가는지? 내가 살아가는 목적이 무엇인지? 참된 삶의 가치를 상실한 채 축사에서 사육되고 있는 가축처럼 물질문명이 주는 달콤함에 젖어 영혼이 없는 삶을 살아가고 있는 것입니다.

문명의 발전에는 분명 긍정과 부정의 양면성이 있습니다. 문제는 문명 그 자체가 지니는 양면성이 아니라, 그것을 바라보는 시각과 관점입니다. 우리의 문명적인 관점과 시각에서 보자면 '투이바이' 추장의 생각은 시대착오적인 뒤떨어진 부족이 갖는 의식쯤으로 치부할 수 있습니다. 그러나 '투이바이' 추장의 관점에서 생각한다면 문명인의 우월적인 삶과 환경이라는 게 얼마나 어리석고 허망한 짓거리인지 냉소하지 않을 수 없을 것입니다.

투이바이 추장의 메시지를 인간의 존엄성과 가치가 전도된 어리석은 물질 문명사회에 던지는 각성의 채찍으로 받아들이고 싶습니다. 그는 삶의 진정한 행복이 무엇인지를 가르쳐주고 있습니다.

자연에 순응하며 사는 삶! 그 삶이 가져다주는 원초적인 행복을 일러주고 있다고 생각합니다. 나 자신부터 보다 원초적이고 단순한 삶을 살아야겠다는 생각이 간절합니다. 가식의 허울을 벗어던져야겠다고 새삼 다짐해봅니다.

지하철 신 풍속도

　요즈음 지하철을 즐겨 이용하다 보니 익숙한 풍경이 눈에 들어옵니다. 이어폰을 끼고 있는 것은 기본, 자리에 앉은 사람은 누구나 할 것 없이 고개를 숙이고 있습니다.
　스마트 폰의 화면을 열심히 들여다보며 무엇인가 두드립니다. 그 두드리는 모습이 마치 닭이 모이를 쪼고 있는 모습 같습니다. 닭들의 후예 같다는 생각이 들어서 슬며시 웃음을 짓곤 합니다. 특히 젊은이들은 열에 아홉 명은 이러한 모습입니다. 친구들과 대화를 주고받거나 필요한 자료를 검색하는 경우도 있겠지만 꼭 그런 것만은 아닌 것 같습니다.
　미안한 얘기지만 슬쩍 엿보면 대부분 게임을 하거나 아무런 의미 없이 화면을 이리저리 밀고 당기며 그저 무료한 시간을 달래고 있는 것 같습니다. 그러니까 지하철을 타고 가만히 앉아 있자니 주위의 시선도 부담스럽고, 또 무엇인가 시대에 뒤떨어진 것 같은 느낌도 들고 그래서 그냥 주변 분위기에 휩쓸리지 않나 그런 생각이 듭니다.

게다가 고개를 숙이고 있으면 이를 핑계 삼아서 앞에 나이가 든 어른이 와도 모른 척 자리를 양보하지 않아도 되니 하나의 구실거리도 되는 것입니다. 이른바 스마트 폰 시대가 가져온 지하철 문화의 신 풍속도인 셈입니다.

옛 속담에 "남이 장에 가니 썩은 거름 지고라도 장에 간다."는 말이 있습니다. 남이 하니까 무조건 따라 하는 어쩌면 집단 최면 현상 같다는 생각도 듭니다. 이것이 나만의 생각일까요?

배도 부르지 않은 영양가 없는 모이를 입만 아프게 자꾸 쪼아댈 것이 아니라, 스마트 폰은 잠시 가방에 넣어두고 목적지에 도착할 때까지 눈을 붙이고 명상에 잠겨 보는 것은 어떨까요? '오늘 내가 해야 할 중요한 일이 무엇인지? 나는 지금 무엇을 하려고 하는지? 지금 왜 목적지로 가고 있는지?' 잠시나마 자신을 되돌아볼 수 있는 시간적인 여유를 가져보자는 것입니다.

다람쥐 쳇바퀴 돌듯이 날마다 반복되는 일상 속에서 우리는 정작 소중한 가치를 잊고 살아가고 있습니다. 바로 시간의 소중함입니다. 단 한 번뿐인 생의 순간들을 아무렇지 않게 낭비하고 있는 것입니다. 매 순간 살아가는 것이 아니라 자신을 죽이고 있는 것이

나 다름 없습니다.

　자신은 열심히 잘 살아가고 있다고 생각할지 모르지만 열심히 죽어간다는 사실조차 모르고 죽어가고 있는 것입니다. 탄생에서부터 죽음에 이르는 자신의 한정된 생명의 줄자를 놓고 생각해 봅시다. 태어나는 순간부터 한 발 한 발 옮겨가는 삶이 결국은 줄자의 끝인 죽음으로 향하는 것입니다.

　삶은 삶이 아니라 죽어가는 것이요, 죽음으로 향하는 길이 곧 삶인 것입니다. 매 순간이 단 한 번뿐인 생의 소중한 마지막 시간들입니다. 더 중요하고 덜 중요한 시간이 따로 없습니다. 자신이 매 시간을 어떻게 활용하느냐에 따라 인생 전체의 삶과 죽음의 질도 달라지는 것입니다.

　세월은 사람을 기다려주지 않는다 했습니다. 티끌이 모여 태산을 이루듯이 짧은 시간이 모여 인생이 되는 것입니다. 2~30분에서 3~40분 혹은 1시간의 시간이 결코 짧지 않은 시간입니다. 바로 조금 전에 숨을 거둔 영혼들이 그토록 살고 싶어 했던 순간들입니다.

　잠시 동안의 지하철 여정이지만 무의미하게 시간을 보내기보다는 깨어있는 소중한 시간이 되었으면 합니다. 적어도 장시간 고개를 숙이는 데서 오는 어깨와 목의 통증과 시력을 버리는 따위의 일은 없지 않을까 생각해 봅니다. 한 정거장 더 가서 허겁지겁 난리치는 일도 없을 테고요.

장수長壽의 역설, 신 고려장高麗葬 시대

일찍 죽기를 원하는 사람은 아무도 없을 것입니다. 누구나 보다 건강하고 오래 살기를 원합니다. 아니 영원히 죽지 않기를 바라는 사람들도 있습니다.

과학 기술과 의술, 삶의 질의 변화로 인간의 수명은 이제 100세 시대를 바라보고 있습니다. 장수할 수 있다면 그만큼 좋은 일입니다. 그러나 오늘날 장수가 오히려 사회문제가 되어 골칫거리로 등장하고 있습니다.

인간은 오래 살면 참 행복한 줄로만 생각해 왔습니다. 그러기에 "개똥밭에 굴러도 저승보다는 이승이 낫다."라는 속담이 있습니다. 그런데 막상 장수의 시대가 열리니 이제는 국가가 풀어야 할 숙명의 과제가 되고 있습니다. 장수 국가 이웃 일본만 하더라도 노인 빈곤과 질병, 간병문제, 무연無緣사회로 인한 백골 시신과 장례 문제 등 한두 가지 문제가 아닙니다.

옛날 먹을 것이 없던 시절에는 한 끼의 입이라도 덜기 위해 예순이 넘으면 고려장이라고 해서 생매장生埋葬을 했던 시절이 있었습니다. 지금의 60세는 청춘이라고 합니다. 일할 능력과 힘은 남아도는데 그냥 뒷방의 늙은이로 내버려지다 보니 어쩌면 옛날의 고려장과 다를 바가 없다는 생각입니다.

신 고려장 시대인 것입니다. 초고령 사회가 던지는 시대의 화두. 노후의 삶의 질, 즉 고령사회의 복지 문제입니다. 생산성은 한정되어 있는데 이를 나눠 먹을 입은 늘어나고 있다 보니 그만큼 배를 채울 절대적인 양이 줄어드는 것입니다. 저마다 배를 채우려면 일자리가 있어야 하는데 그마저 한정되어 있으니 진퇴양난입니다. 청년 백수를 줄이자면 노년의 일자리를 줄여야 하고, 노년의 일자리를 늘리려다 보니 청년의 일자리를 줄여야 하는 상황입니다. 젊은이는 젊은이대로 노년은 노년대로 아우성입니다.

그야말로 장수의 역설입니다. 양쪽 모두 충족시킬 수 있다면 금상첨화겠지요. 그래서 일자리 창출과 퇴직 연령 연장, 임금 피크제, 부자 증세, 복지재원 확대, 사회 안전망 설치 등 여러 묘안을 짜내고 있습니다. 그러나 한정된 재화에 대한 대책도 중요하지만 진정 문제는 공동체 정신의 상실이 더 큰 문제라는 생각이 듭니다.

인간의 육체적인 수명은 거듭 늘어나는 데 비해 이에 따른 정신적인 수명은 오히려 위축되는 데 있습니다. 정신적인 수명이란 도덕성, 함께 살려는 의지, 보다 낮은 곳을 보듬어 안으려는 헌신, 자비와 사랑 등과 같은 공동체 정신을 향한 인간의 선한 의지를 말하는 것입니다. 양보와 배려의 미덕이 실종된 것입니다.

오직 나만 잘 먹고 잘살면 되고, 오직 나와 내 가족만 괜찮으면 된다는 이기심의 악덕이 깊게 자리하고 있는 데에 있습니다. 이기심은 상대적인 박탈감을 가중시킵니다. 상대적인 박탈감은 개인적인 상실감보다 더 큰 고통을 가져다줍니다.

인간은 홀로 살 수가 없습니다. 그 사람이 잘났다고 칩시다. 부유하다고 칩시다. 행운이 가져다 준 복이든 노력의 결과이든 간에 그 사람이 부와 명예와 권세를 지닌 사람이라 합시다. 그러면 그 사람은 정말 유아독존, 즉 정말 자기 혼자 잘나서 그 모든 것을 이루었다고 착각에 빠지는 게 우리의 현실이자 한계입니다.

물론 그렇게 되기까지 남과는 다른 노력과 재능이 있었을 것입니다. 하지만 그가 이룬 재주와 노력이라는 것이 소위 맨땅에 헤딩한 것은 아니라는 얘기입니다. 그가 그렇게 일어서고 그 일을 이루게 된 바탕과 배경에는 그 이전의 세대가 사회와 공동체, 국가에 기여했던 헌신과 노력이 있었기 때문입니다. 자신이 잘나서가 아니라 직접적이건 간접적이건 앞선 세대의 헌신을 바탕으로 해서 딛고 일어선 결과물인 것입니다. 거기에 자신의 노력과 재능, 창의성이 더해진 것입니다.

그러니 내가 잘나서 이루었다는 교만이나 독선, 아집에 앞서 앞선 세대의 헌신에 대한 겸허함이 있어야 합니다. 은혜와 혜택을 입었으면 자신도 그만큼 사회로 되돌릴 줄 아는 하심(下心)과 배려의 마음이 중요한 것입니다. 때문에 사회에 대한 헌신과 봉사는 해도 그만, 안 해도 그만이라는 개인의 자유의지가 아니라 최소한의 의무이자 책임이라고 생각합니다. 인간적인 양식이자 도리인 것입니다.

잘났든 못났든 언젠가 우리 모두는 죽음을 맞게 되어있습니다. 저승길에는 돈과 물질, 부, 권력, 명예 그 어느 하나도 가져갈 수가 없습니다. 넣어갈 수 있는 호주머니도 없습니다. 죽어서 자손에게 남긴다고? 이웃의 불행과 고통을 외면하고 자신의 잇속만을 위해 남긴 유산이 오래도록 온전하게 보전될 리가 없는 것입니다. 오히려 불행과 저주의 씨앗이 될 수도 있습니다. 그러기에 "오만한 돼지보다 불행한 소크라테스가 낫다."라는 금언이 생겨난 것인지도 모릅니다.

그리스 철학자 에피쿠로스는 "돈을 벌어서 써 보지도 못하고 유산으로 남겨주기 위해 귀중한 인생을 낭비했다면 그는 참으로 허망한 일을 했으며 미친 생애를 살았다고 말할 수밖에 없다. 평생 의식주의 호의호식을 위해 악전고투하며 사는 것처럼 어리석은 일은 없다."라고 했습니다.

살아있기에 행복도 있는 것입니다. 살아있음은 외톨이가 아닌 함께함에 있습니다. 행복은 가짐과 움켜쥠에 있는 것이 아니라 나눔과 배풂에 있습니다. 그러면 기쁨과 행복도 배가 된다고 합니다.

장수시대의 노년의 삶이 고통과 절망의 신 고려장 사회가 되지 않기 위해서는, 국가적인 복지 대책도 중요합니다. 하지만 이에 앞서 서로 나누고 보듬으며 함께하는 공동체적인 삶의 자세와 지혜가 더욱 중요하다는 생각입니다. 물질보다는 정이 더 질기고, 깊고, 오래 가기 때문입니다.

진정 가난한 사람은 너무 적게 가진 사람이 아니라, 더 많이 가지려는 사람을 두고 하는 말입니다.

작은 벌레 한 마리가
배추 한 통을 썩게 만든다

중국의 한 공예품 상점에 들렀을 때입니다. 백옥으로 만든 흰 배추가 눈에 띄었습니다. 중국 사람이 아무리 옥을 좋아한다고 하지만 배추까지 옥으로 만들다니 하고 신기해서 들여다봤습니다. 배추 뒷면에는 아주 작은 갈색 벌레 한 마리가 새겨져 있었습니다. 그곳을 안내하던 후배가 들려주는 사연을 듣고 보니 그냥 옥 배추가 아니었습니다.

옛날 중국 어느 황제가 생신을 맞았습니다. 황제에게 잘 보이기 위해 신하들이 온갖 금은보화와 진기한 물건들을 싸들고 앞다퉈 진상했습니다. 그런데 지방의 한 농부가 난데없이 배추 한 포기를 들고 와서는 황제에게 바치겠다는 것입니다. 황제를 지근에서 모시던 신하가 무례하다며 막아섰지만 농부는 막무가내였습니다.

밖이 소란스럽자 황제가 그 연유를 듣고는 농부를 맞아들였습니다. 농부가 "폐하! 이 큰 배추 한 덩이도 속에 붙어있는 작은 벌레 한 마리로 인해서 통째로 썩어 내려앉게 되는 것입니다. 천하의 이치도 이와 같습니다. 조정의 간신 한 명만 있어도 결국은 황제의 나라를 망하게 하고 말 것입니다." 하고 아뢨다고 합니다.

이 말을 들은 황제는 너무나 감동을 받아 그 농부를 중용했다는 설명이었습니다. 그래서 옥 배추는 중국 관리들의 청렴결백과 충절의 상징으로 여기게 되었다는 것입니다.

듣고 보니 참으로 감동적이었습니다. 그래서 기념으로 옥 배추 서너 통을 사서 지인들에게 나눠줬습니다.

어느 시대 어느 집단이건 모사꾼과 간신배가 있게 마련입니다. 정치판에는 모리배가 있고, 개인 간의 관계에서는 이간질을 하는 인간 부류가 있습니다. 제 앞은 닦지 못하면서 남의 험담이나 흉허물을 즐겨 하는 부류도 있습니다. '지록위마指鹿爲馬' 즉 사슴을 가리켜 말이라 할 인간 군상들입니다. 자신의 출세와 영달을 위해서는 손바닥으로 해를 가리는 짓을 서슴지 않는 사람들입니다.

쇼펜하우어는 『사랑은 없다』에서 이런 유형의 인간들의 특성을 잘 설명하고 있습니다. 조금 길지만 적어 봅니다.

공직자들 중에 출세 가도가 빠른 사람들을 잘 보면 몇 가지 특징이 있다. 그들은 열등감이 심하고 스스로가 무능하고 가치가 없다는 것을 잘 알고 윗사람의 권력자 앞에 머리를 재빨리 숙인다. 실력보다 처세술에 능하며 윗사람에게 90도로 깍듯이 허리를 굽히며 얼굴에는 늘 비겁한 웃음을 띠고 있다. 윗사람의 작은 공로도 크게 떠들어 비호하고 유치한 글도 명문으로 치켜세운다. 어떻게 해야 윗사람의 눈에 잘 뜨일까, 어떻게 해야 마음에 잘 들것인가를 생각하느라 늘 고민이다. 그런 인간들은 대체로 그 자리가 아니면 밥을 먹고살 수 없는 가난한 자들, 궁핍한 자들이며 대책이 없는 사람들이다. 공직에서 가장 떵떵거리며 사는 자들이 이 세상에서 가장 치졸하고 비열한 무리들이다.

정말 통쾌한 지적이 아닐 수 없습니다. 이런 인간은 또 십중팔구가 자신의 잘못에 대해서는 관대하되, 남에 대해서는 아주 가혹한 인간들입니다.
옛 속담에 "춘삼월 호시절도 한때요, 꼬리가 길면 밟힌다."라고 했습니다. 직장이나 집단, 사회 또는 국가 공직의 녹을 먹음에 있어서 이런 아첨을 일삼는 간신 형의 인간들의 말로는 결국 '미역취' 같은 길을 밟고 맙니다.
미역취는 일순간은 번성하지만 대량번식하면 결국 자신이 내는 분비물로 인해 자가 중독을 일으켜 자멸해 버리고 만다는 것입니다. 미역취처럼 일순간은 영달을 누릴지 몰라도 결국 제 무덤 제가 파는 꼴이 되어 자멸하고 맙니다. 건강한 문화와 토양을 위해 반드시 사라져야 할 가련한 존재들입니다.

  가정이건 직장이건 사회건 국가건 간에 배추의 벌레 같은 인간은 척결돼야 합니다. 그래야 건강한 토양, 건강한 사회, 번영하는 국혼이 깃드는 것입니다.

욕망의 끝은 파멸이다

일요시네마 〈나일의 살인사건〉을 우연히 보게 됐습니다. 영국의 추리소설의 여왕이라는 '아가사 크리스티'의 장편 소설을 영화화한 것입니다.

돈에 눈이 먼 두 남녀가 아름다운 미모에 막대한 재산 상속녀인 친구의 재산을 노리고 위장 결혼한 뒤 그녀를 죽이지만 결국 범행이 탄로나면서 그 둘도 비극적인 종말을 고한다는 내용입니다.

여기에 등장하는 인간 군상들도 하나같이 원망과 분노, 탐욕으로 얽히고설킨 인물들입니다. 겉으로는 도덕군자인 양하는 인간의 내재된 탐욕과 욕망을 고발하고 있습니다.

이 영화를 보면서 인간의 욕망에 대해 다시 한번 많은 생각을 갖게 했습니다. 물욕 앞에서는 친구의 우정도 사회적인 지위와 체면도 모두 한낱 가식적인 장식에 지나지 않음을 보여주고 있습니다. 물욕은 인간의 이성을 마비시키고 눈을 멀게 합니다. 남의 눈만 찌르는 것이 아니라 결국은 제 눈도 찌르고 마는 것입니다.

인생이라는 바다를 항해함에 있어서 탐욕과 분노, 어리석음이라는 삼각파도에 걸리면 그 누구도 결국은 난파선難破船이라는 비극적인 종말을 맞고야 마는 것이 만고불변의 진리입니다. 한번 시동이 걸리면 멈출 줄을 모르고 더욱 가속도를 내고, 급커브 길이 눈앞에 보이는데도 뒤집힐 줄도 모르고 더욱 액셀을 밟는 것이 욕망의 속성이기 때문입니다.

탐욕에 사로잡힌 인간에게는 몇 가지 특징이 있습니다. 제가 주변의 지인들을 보고 겪어 본 바로는 그렇습니다.

첫째, 이기적입니다. 자기 자신밖에 모릅니다. 오직 목표 지향적이다 보니 인간미라고는 손톱만큼도 없습니다. 상대에 대한 배려가 전혀 없는 것입니다. 있다면 잠시 상대의 눈을 가리려는 가식적인 술수에 불과합니다.

둘째, 전혀 속내를 드러내지 않습니다. 아무리 친하다는 친구 앞에서도 자기의 의도를 드러내지 않고 숨깁니다. 비밀이 많습니다. 과묵하다는 것과는 차원이 다른 음흉한 마음이 전해집니다.

셋째, 큰소리로 헛웃음을 많이 짓습니다. 그리 우습지도 않은 얘기에도 과장되게 웃는 경향이 있고 언변이 화려합니다.

넷째, 목적달성을 위해서는 수단 방법을 가리지 않습니다. 상대를 가리지 않고 거짓말과 배신, 아첨을 서슴지 않습니다. 탐욕은 야망이나 야심과는 격조와 품위가 다른 저속한 차원입니다.

이런 친구가 곁에 가까이 있다면 반드시 정을 맞게 되어 있습니다. 흙탕물이 튀고 끝내는 망하고 말더라는 것입니다. 한때 일시적으로는 무소불위의 기세로 잘나가지만 끝내는 돈 잃고 친구마저 잃어 비참해지더라는 것입니다. 인간사 어디 뜻대로만 되겠습니까마는 이런 부류의 인간은 될 수 있는 한 피하는 게 상책입니다.

옛말에 '과욕은 필망'이라고 했습니다. 노자는 "욕망이 많은 것보다 큰 죄악이 없고, 만족을 모르는 것보다 큰 재앙은 없다."라고 했습니다. 그래서 욕망으로부터 재앙을 피하는 길은 욕심을 줄이는 일 즉 과욕寡欲하는 것이라 했습니다. 함이 없는 행위를 하고, 일 없음을 일로 삼으며, 맛없음을 맛으로 삼는 것, 즉 추구함이 없는 추구, 행위가 없는 행위, 성취감이 없는 성취감이 가장 위대하다고 했습니다. 무엇을 해야 할 것인가가 중요한 것이 아니라, 무엇을 하지 말아야 할 것인가를 중히 여기라 했습니다. '안분지족安分知足' 즉, 자기만족과 분수를 아는 일입니다.

쇼펜하우어는 "사람은 따뜻한 체온을 원한다. 그래서 햇볕이나 난로 곁에 가까이 가려고 한다. 이런 현상은 본능적인 충동과 같아서 사람들은 자기에게 기쁨을 주는 사람과 만나려고 하는 본능이 있다."라고 했습니다. "그런 사람이 누구인가? 남자는 지능이 좀 모자란 사람! 여자는 좀 미모가 떨어지는 사람!"이라고 했습니다.

저는 친구에게 좀 지능이 모자란 듯한 사람으로 남고 싶습니다. 탐욕스러운 인간이 아니라 내 분수를 알고 내 가족과 친구, 이웃들에게 누를 끼치지 않고 내 삶을 진정 사랑할 줄 아는 그런 사람이 되고 싶습니다.

빈 의자

여기에 텅 빈 의자가 하나 있습니다. 지금은 저의 자리입니다. 아니 제 자리임이 분명합니다. 그런데 알고 보니 그것은 저의 자리가 아니었습니다. 잠시 머물다가 떠나야 하는 자리였습니다. 그리고 제가 그러했던 것처럼 누군가가 또 변함없이 자신의 자리인 양 착각할 것입니다.

이 자리는 어느 누구의 자리도 아닙니다. 저보다 먼저 왔던 어느 객이 삶의 여울목에서 잠시 지친 몸을 달래며 쉬었다가 떠난 것처럼, 저 역시 잠시 머물다가 뒤에 오는 나그네에게 물려주고 떠나야 할 그런 소중한 자리입니다.

그 자리는 늘 채워져 있지만 늘 비워져 있는 그런 자리입니다. 생이 충만한 신성하고 고귀한 자리입니다. 그러기에 그 자리는 제가 떠난 뒤에도 맑은 향기가 영원하도록 늘 쓸고 닦아야 하는 그런 자리입니다. 이것은 의자에 대한 의무이자 도리입니다.

추사 김정희 선생은 세상에 두 가지 병이 있다고 했습니다. 첫째는 나귀를 타고 있으면서도 나귀를 찾는 것이고, 둘째는 나귀를 타면 선뜻 내려오지 않으려 함이라 했습니다.

이런 부류의 인간에는 두드러진 두 가지 특징이 있습니다. 자신의 분수를 모른 채 오직 출세와 명예만을 탐하는 탐욕스러운 인간형이 아니면 윗사람의 입맛과 비위를 맞추기에 급급한 아첨형 인간입니다.

중국 송나라 때 법연法演 선사가 남긴 '법연 사계法演 四戒'가 있습니다. 제자인 불감 혜근선사가 절의 주지를 맡게 되자 내린 계율입니다.

첫째, 그 지위가 주는 권력을 다 사용해서는 안 된다. 그러면 반드시 재앙이 닥친다는 것입니다.

둘째, 복을 다 누려서는 안 된다. 인연이 외로워진다는 것입니다. 흘러가는 강물이 아무리 넘쳐나도 자신이 쓸 양은 한계가 있기 마련입니다.

셋째, 규율을 죄다 시행해서는 안 된다. 사람들이 반드시 번거로이 여긴다는 것입니다.

넷째, 좋은 말만 해서는 안 된다. 사람들이 쉽게 여긴다는 것입니다.

'사행호시蛇行虎視'란 말이 있습니다. 권세가 높은 사람 앞에서는 뱀처럼 설설 기며 온갖 비굴한 교언영색을 다 짓지만 막상 뒤돌아서면 자기가 그 사람이라도 된 양 온갖 위세를 부리며 거들먹거리는 인간을 두고 한 말입니다.

이런 부류의 인간은 권력과 지위의 단맛에 취해 그 자리에서 쉬이 내려오지도 않거니와 권모술수를 동원해서라도 끊임없이 새로운 자리를 엿봅니다. 이런 사람이 직장은 물론 사회, 나아가서는 국가의 높은 녹을 오래 먹게 될 때 자신만 망치는 것이 아니라 남까지 불행하게 만드는 것입니다.

예로부터 산은 오를 때보다도 내려올 때 더 조심해야 한다고 말합니다. 자리에 있을 때의 처신도 중요하지만 물러나야 할 때 물러날 줄 아는 지혜가 중요하다는 말입니다. 더 중요한 것은 그 자리가 자신의 분수에 맞는지를 아는 지혜입니다.

탐욕과 모략이 쌍칼을 휘두르는 정치적 변환기에는 더욱 그런 것 같습니다. 제 손으로 제 눈을 찔러 패가망신하는 경우가 허다하기에 드리는 고언입니다.

양심이 없는 민족은 희망이 없다

　백범 김구 선생이 통일 건국의 염원을 품고 즐겨 쓰신 글이 '양심 건국良心建國'이라고 합니다. 양심된 민족은 흥하고 양심이 없는 민족은 망한다는 뜻입니다.
　양심이란 선량한 마음입니다. 거짓이 없는 마음입니다. 잘못을 알면 참회하고 부끄러워할 줄 아는 마음입니다.

　70여 년 전 백범 선생의 외침이 꼭 오늘의 일본을 두고 하신 말씀이 아닌가 하는 생각이 듭니다. 36년간의 강점기 동안 인간의 탈을 쓰고 상상하기도 힘든 패악질을 저지르고도 반성은커녕 오히려 상대방에게 뒤집어씌우고 있습니다. 일국의 총리가 침략의 역사를 부정하는 망언을 서슴지 않고 있습니다. 이런 비양심적인 민족성의 앞길에 희망이 있는가? 저는 단연코 "없다!"라고 말하고 싶습니다.

　불과 열다섯, 열여섯 나이의 어린 소녀들을 강제로 전쟁터로 끌고 가서 성적 노리개로 삼은 짐승 이하의 짓거리를 하고도 참회와 반성은커녕 되레 자발적인 매춘행위였다고 매도하고 있습니다. 자신의 선조가 기록해 놓은 엄연한 역사적인 사실도 외면한 채 이제는 독도마저 자신의 땅이라고 떼를 쓰고 있습니다. 자신의 선조가 밝힌 역사적 진실마저 부정하고 왜곡하고 있습니다. 이런 비양심적인, 짐승만도 못한 민족이 망하지 않고 어찌 경제대국이 되었는지 정말 신이 원망스럽기까지 합니다.

　개인이건 국가이건 미래의 희망은 과거의 잘잘못에 대한 양심적인 고백과 진정한 참회에서 시작됩니다. 참회와 반성은 개인과 개인은 물론 역사와의 화해이자 미래를 향한 새 출발의 전제조건입니다.
　독일의 메르켈 총리는 과거 나찌의 독일 역사는 부끄러운 역사라며 희생된 민족 앞에 공식 사죄했습니다. 그리고 지금도 참회하고 있는 중이라고 했습니다. 그러나 일본은 진정 부끄러움이 뭔지를 모르는 야만족입니다. 역사의 왜곡과 부정을 진정 자신의 국가와 민족의 앞날을 위한 의무이자 책무로 착각하고 있습니다. 자기부정을 자랑스러운 역사로 여기고 있습니다.

인간이 동물과 다른 점은 참회하고 반성할 줄 아는 양심에 있습니다. '부모와 조상, 선조의 죄를 후대가 왜 책임을 져야하는가?' '책임을 강요하고 추궁하는 것이 바람직한 일인가?'

대표적인 현대 철학자인 알래스데어 매킨타이어는 그의 저서 『덕의 상실』에서 "나는 무엇을 해야 하는가?"라는 물음에 답하려면 그 이전에 "나는 어떤 이야기의 일부인가?"에 답할 수 있어야 한다고 했습니다. 인간은 서사적인 동물이라는 것입니다.

즉 나는 사회적, 역사적인 역할과 지위와는 별개의 존재라는 인식은 잘못되었다는 것입니다. 개인이 단지 자신의 선택과 행동만 책임지면 그만이라고 고집한다면, 한 개인이 그 사회나 집단, 국가가 갖는 역사와 전통에 대한 자부심을 느껴서는 안 된다는 것입니다. 적어도 애국적인 자부심을 느끼려면 세월을 뛰어넘어 공동체에 대한 소속감을 느낄 수 있어야 하고, 소속감에는 책임감도 따른다고 했습니다.

내 나라의 과거를 현재로 끄집어내서 도덕적인 부채를 해결할 책임을 인정하지 않는다면 내 나라와 역사에 대한 진정한 자부심을 느낄 수가 없다는 것입니다. 그의 말을 빌자면 일본이란 민족은 전혀 역사와 전통에 대한 자부심이 없는 민족이라는 결론입니다. 자신의 선조가 저지른 도덕적인 부채를 해결하지도, 책임을 인정하지도 않는 소위 호로 자손들이니 말입니다.

세상을 더불어 살아가는 인간으로서 의무가 있다고 매킨타이어는 말합니다. 인간애와 휴머니즘, 순수 도덕 같은 자연적 의무와 개인 간의 합의에 의한 자발적인 의무, 애국심과 역사적인 책임의식 그리고 소속된 집단의 수치심 같은 연대적인 의무가 따른다는 것입니다.

 인간으로서 가장 기본적이고 자연적인 의무도, 국가의 국민으로서 연대적인 의무감과 책임감이 없는 민족의 앞길에는 결단코 절망과 고통 그리고 쇠락의 나락만이 있음을 과거의 역사가 웅변해 주고 있습니다.

 늦을 때가 가장 빠른 때라 했습니다. 일본은 지금이라도 양심 있는 민족으로 돌아와 부끄러운 과거사 앞에 머리 숙여 속죄하기를 기대해 봅니다.

가슴 아픈 민족의 혼
광개토대왕릉

1997년 여름입니다. 중국 길림성 지안에 있는 광개토대왕릉을 찾았습니다. 금방이라도 쓰러질 듯한 허름한 조선족 소학교와 이웃하고 있는 광개토대왕릉은 왕릉이라기보다 안타까울 만큼 초라한 무덤이었습니다.

기단석은 허물어져 여기저기 나뒹굴고, 봉분도 무너져 내려 맨살을 드러냈습니다. 왕릉 둘레에는 버려진 각종 오물로 심한 악취를 풍겼습니다. 소학교 학생들은 왕릉의 봉분을 오르내리며 마치 놀이터처럼 장난을 치고 노는 모습도 보였습니다. 왕릉 바로 앞에는 시커먼 먼지를 날리는 무연탄 공장이 있었습니다.

'설마 이곳이 우리가 그토록 위대한 민족의 혼으로 우러렀던 바로 그 광개토대왕릉이란 말인가?' 믿기지 않는 현실이었습니다. 왕릉 한쪽에 국가중점문물 보호단위와 태왕능이라는 표지석이라도 있었기에 망정이지 누가 이를 왕릉이라고 알아볼 수 있을까?

더욱 아연실색케 하는 것은 바로 왕릉 봉분의 3부 능선에 220볼트의 고압 전신주 2개가 꼽혀있다는 사실입니다. 정말이지 분노가 치밀어 오르고 온몸에 소름이 돋을 지경이었습니다.

우리 민족의 위대한 광개토대왕 하면서 숱한 사학자들과 관광객들이 이곳을 다녀갔을 터! 도대체 이런 사실을 두 눈으로 똑똑하게 보고도 공분의 의사 표시조차 하지 않은 학계의 양식이 개탄스러웠습니다.

이 같은 현장을 생생하게 촬영해서 전 국민에게 알려야겠다는 생각에 촬영에 들어갔습니다. 그것이 기자인 제가 할 수 있는 유일한 길이자 사명감이라는 생각이 들었습니다.

문제는 그 현장조차 마음 놓고 촬영할 수 없다는 것이었습니다. 어디서 달려왔는지 피죽 한 그릇도 못 먹은 것처럼 깡마른 사람이 촬영을 하지 못하도록 가로막는 것이었습니다. 자신이 왕릉지기라며 모든 촬영이 금지돼 있다는 것입니다.

왕릉을 지키는 사람은 조선족이었습니다. 어떻게 같은 한민족이면서 왕릉이 이토록 허물어지도록 방관만 하고 있으며, 그것도 촬영조차 하시 못하게 막느냐고 따져 물었습니다. 자신은 모르는 일이니 하여튼 촬영은 안 된다며 들으나 마나한 대답만 돌아왔습니다.

숨어서 촬영을 시도했지만 불가능했습니다. 중국을 많이 드나들었던 같이 갔던 일행이 눈을 찡긋하더니 조선족 왕릉지기를 한쪽으로 데리고 갔습니다. 조금 뒤 곧바로 돌아오더니 빨리 촬영하라는 것입니다. 우리 돈으로 만 원 가까이 되는 인민폐를 잠시 눈감아주는 대가로 준 것입니다.

이곳에서 불과 얼마 떨어져 있지 않은 거리에 있는 장군총 역시 낡고 허물어지기는 마찬가지였습니다. 석축이 금방이라도 무너져 내릴 듯 위태로운 데다 한쪽에는 굵은 철사줄로 무너지지 않게 얼기설기 묶어놓았습니다.

광개토대왕릉과 장군총은 우리가 그토록 자랑스럽게 여기던 민족의 문화유산이자 얼이 아니던가!

한국으로 돌아와 SBS 8 뉴스를 통해 이 같은 실상을 주요뉴스로 보도했습니다. 그러나 완전한 저의 오판이었습니다. 난리가 나고 온 국민이 분노의 목소리를 낼 줄 알았는데 어느 누구 하나 반응이 없었습니다.

정부도 마찬가지였습니다. 당시 청와대에 근무하며 해외 홍보를 담당했던 친구에게 어찌 이럴 수 있느냐고 물으니 국가 외교상 어찌할 방법이 없다는 대답이었습니다. 중국의 신경을 건드려서 껄끄러운 관계를 원치 않는다는 것이었습니다.

단 한 사람! 중국을 오가며 여행사를 하는 김 모 사장이 이것은 민족의 후손된 도리로 그냥 있을 수 없다며 발 벗고 나섰습니다. 중국 여행사 현지 관계자와 여러 차례 연락을 주고받은 끝에 뜻밖의 해결책을 찾아냈습니다. 중국 현지 공안과 공정국장에게 뇌물을 주기로 하고 왕릉의 한가운데 박혔던 고압 전신주를 뽑아서 다른 곳으로 옮기기로 타협을 본 것입니다.

흥분된 가슴을 안고 카메라 기자와 여행사 사장과 함께 중국 지안의 현지로 다시 갔습니다. 당시는 직통 항공기가 없어서 대련에서 자동차로 12시간 이상이나 걸리는 꽤나 먼 여행길이었습니다.

토요일 저녁 중국 관계자와 간단한 회식자리가 마련되고 약속한 돈을 건넸나 봅니다. 바로 다음날인 일요일 이른 아침에 지안시 일대 전기를 일시 단전하고 즉각 전신주를 뽑아 옮기겠다고 했습니다. 그리고 다음날 바로 역사적인 순간이 이뤄졌습니다.

대형 트럭에 커다란 전신주 두 개를 싣고 현장에 도착한 뒤 왕릉에서 약간 떨어진 곳에 새로 세우고 고압선로를 옮겨 다시 연결했습니다. 그리고 곧바로 광개토대왕 봉분에 꽂혔던 대형 전신주를 뽑았습니다. 이른 아침부터 오후 2시까지 꽤 오랜 시간에 걸친 작업이었습니다.

아직도 그때의 감격이 생생합니다. 그 누구도 하지 못할, 죽어도 여한이 없을 일을 해냈다는 생각에 격한 감정이 솟구쳐 올랐습니다. 모두 얼싸 안고 감격에 겨워했습니다. 그리고는 다시 부탁해서 왕릉 둘레에 소나무면 더욱 좋고, 그렇지 않으면 늘 푸른 상록수 종류의 나무를 심어줄 것을 신신당부했습니다.

벅찬 감격을 안고 다시 한국으로 돌아와 한민족의 자존심에 박힌 고압 전신주를 뽑아 옮겼다는 쾌거를 SBS 8 뉴스를 통해 주요

뉴스로 보도했습니다.

흥분된 기대와는 달리 반응은 역시 어이없게도 싸늘했습니다. 어느 시민이건 학자적인 양심이건 국가적인 차원이건 한마디 논평조차 없었습니다. 광개토대왕릉의 보존 문제는 우리의 일이 아닌 남의 나라 일이었습니다. 그저 중국의 눈치나 살피면서 지켜만 보는 것이 한계였습니다. 그러고도 어찌 "민족의 웅비의 역사! 우리 민족의 혼! 위대한 광개토대왕"하며 떠들어 댈 수가 있는지 도무지 이해가 되질 않았습니다.

민족적인 양심이라는 말은 알량한 허울에 불과한 것이라는 생각이 들었습니다. 이것이 그 알량한 민족적인 자존이구나 하는 자괴감에 괴로워했습니다. 그때 촬영한 테이프와 영상을 아직도 그대로 보관하고 있습니다. 절대 지울 수 없는 역사의 현장이라는 생각 때문입니다.

저는 생각합니다. 지금도 광개토대왕 비문 운운하며 다시금 목소리를 높일 때마다 그대들의 가슴에 진정 민족적인 양심이 살아 있느냐고 반문하고 싶습니다. 수많은 세월 동안 대왕의 능 한가운데에 박혔던 고압 전신주에 대해서는 어찌 그리 침묵했냐고 묻고 싶습니다. 적어도 국가대 국가는 민감한 영토문제로 곤란하다 치더라도 민간이나 학자들 간의 물밑 교류를 통해서 마음만 먹으면 얼마든지 해결책을 찾을 수 있지 않느냐는 것입니다. 보지 못했다면 그나마 다행입니다. 보고도, 알고도 애써 외면했다면 그것은 학자적인 양심 이전에 후손된 도리를 저버린 행위라고 생각합니다.

그 이후 왕릉을 다시 찾지 못했습니다. 봉분은 허물어진 모습 그대로라는 소식만 현장 사진을 통해 알고 있을 뿐입니다. 다만 한 가지 자랑스러운 것은 그래도 그 누구보다 의분이 살아있는 한 백성이 있었다는 사실입니다. 비록 뇌물이라는 변칙을 동원했지만 국가가 나서서 해결하지 못할 위대한 업적을 한 백성이 이뤄냈다는 사실입니다.

광개토대왕릉 한가운데 박힌 고압 전신주를 제기한 사실을 저는 위대한 역사라 일컫고 싶습니다. 그러고도 남을 일이라고 생각합니다. 긴긴 세월 대형 전신주를 가슴에 박고 한스런 세월을 보냈을 대왕의 영전 앞에 그래도 후손된 도리를 다한 한 백성이 있었다는 사실이 그나마 한없이 자랑스럽습니다.

저 역시도 자그마한 일익을 담당했다는 사실에 보람과 긍지를 느낍니다. 30여 년 기자생활 중 가장 감동적이고 가슴에 새기고 싶은 순간이기도 합니다. 영원히 지울 수 없는 민족자존의 가슴 아픈 이면을 담은 역사이기도 합니다. 다시는 후손들에게 부끄럽지 않을 역사를 남겨야 한다는 책무이기도 합니다. 지금 이 순간부터 영원토록!

고슴도치도
제 살붙이가 있다

　IMF의 한파가 몰아치던 늦가을 어느 날이었습니다. 직장에서 해고돼 졸지에 거리로 밀려난 이 땅의 가장들이 한과 서러움의 눈물을 삼키던 때였습니다. 일용직 노동자로, 또 공공 근로를 하며 하루 벌어 하루 먹고 살아야했던 힘겨운 시절!
　느닷없이 낯선 사람으로부터 한통의 전화가 걸려왔습니다. 공공근로로 도로변에서 풀을 베는 작업을 하다가 고슴도치 가족을 발견해 지금 제보를 한다는 것입니다. 고슴도치는 천연기념물도 아닌데 보도하기가 힘들다고 하니 어미와 어린 새끼 5마리가 함께 있다는 것이었습니다.
　IMF라는 세찬 칼바람 앞에 아비가 자식을 버리고, 가정이 풍지박산이 나서 신음하던 시기에 시민들의 가슴을 따뜻하게 해줄 좋은 뉴스거리가 되겠다는 생각이 들었습니다. 그 분은 여러 사람이 있으니 제보를 한 대가를 달라고 하셨습니다. 저는 그 길로 달려가 소정의 금액을 전해드리고는 골판지 상자에 들어있던 고슴도치 가족을 넘겨받았습니다.

고슴도치는 도토리, 꿀밤 등을 좋아한다는 이야기를 언뜻 들은 적이 있어서 마을 인근에 밤나무가 많이 있는 산기슭에 고슴도치 가족을 풀어 놓고 가만히 지켜보았습니다.

엷은 햇살이 뉘엿뉘엿 서산으로 저물어 가는 늦은 가을 오후, 고슴도치 가족은 잔뜩 웅크리고 있다가 인기척이 사라지자 서서히 움직이기 시작했습니다. 그러자 새끼 다섯 놈도 앞서거니 뒤서거니 느릿느릿 어미 뒤를 따라 기어갔습니다. 그러다가 발자국 소리나 이상한 낌새가 느껴지는 순간 가시를 곧추세우며 웅크리곤 했습니다. 마치 밤송이처럼 위장하는 것입니다. 그런데 한 가지 놀라운 사실은 어미의 행동이었습니다. 앞서 가다가도 한 놈이라도 뒤처지면 곧바로 되돌아와서 뻣뻣한 가시가 아닌 부드러운 털로 쓰다듬어 새끼를 다독거리며 이끌었습니다.

아! 그래서 옛 어른들이 고슴도치도 제 살붙이가 있다고 했구나!

자식에게만은 한없이 너그럽고 부드러운 털로 다독이며 새로운 둥지를 찾아가는 고슴도치 가족의 모습이 너무나도 정겹고 감동적이었습니다. IMF 세태와도 맞아 떨어졌습니다. 꼬물꼬물 꾸물꾸물 힘겹게 산비탈을 오르는 모습에서 고통과 불안에 신음하는 가난한 서민들의 애환이 교차되었습니다. 그래서 본격적인 촬영에 들어가 고슴도치의 가족사랑 얘기를 보도했습니다.

 미물인 고슴도치도 이러할진대 어찌 만물의 영장이라는 우리 인간이 크고 작은 시련과 고통이 있다 해서 가족을 헌신짝 버리듯이 할 수 있느냐는 취지였습니다. 뉴스 참 잘 봤다는 격려 전화를 많이 받았습니다. 어느 시청자는 안 그래도 가슴 울화통 터지는데 허구한 날 나쁜 뉴스만 쏟아 내던 터에 정말 감동적이었다는 얘기도 했습니다. 그런 보도를 많이 해줬으면 좋겠다고 했습니다.

 그렇습니다. 우리네 삶은 시련과 고통의 연속입니다. 희비쌍곡선이 그리는 포물선이 우리의 삶의 궤적입니다. 이 모진 세상을 살면서 알고 보면 그 누구나가 한두 가지 고민이나 걱정거리를 안고 살아갑니다. 가난한 자는 가난한 대로 가진 자는 가진 대로 나름의 힘든 사연이 있게 마련입니다. 다만 스스로 속내를 드러내지 않았을 뿐입니다.

 그러니 내 인생은 왜 이 모양 이 꼴일까? 하고 자학할 필요가 없는 것입니다. 지금의 시련은 잠시 스쳐지나가는 한줄기의 바람일 뿐, 반드시 새로운 기쁨의 햇살이 떠오를 것이라는 희망과 용기를 가져야 합니다. 거친 파고와 시련이 몰아칠수록 따뜻한 인간미와 가족애를 잃지 말아야 합니다. 고난의 시간이 지나가고 나면 나와 함께 해준 사람들이 있었기에 힘든 고난을 버텨냈다는 것을 알 수 있습니다. 가정이라는 울타리는 우리 삶의 둥지이자 새 출발을 움틔우는 원천이기에 더욱 소중한 것입니다.

  비록 말 못하는 미물이라지만 따뜻한 가족애가 있기에 고슴도치 가족들은 분명 아늑한 새 삶의 보금자리를 마련해 서로 체온을 의지하며 그 어떤 모진 한파도 거뜬히 극복해낼 것입니다.

그대, 내생을 알고 싶다면 지금을 보라

우리나라에서 영원한 베스트셀러는 무엇일까? 아마 토정 이지함 선생이 지었다는 『토정비결』이 그중 하나가 아닐까 생각합니다.

해마다 연말이나 연초면 저마다 한 해의 운세를 점치기 위해 토정비결을 찾습니다. 아니면 역술가나 점집을 찾습니다. 서민이든 사업가이든 정치인이든 예외가 없는 것 같습니다. 자녀의 입학과 취업운에서부터 남편의 바람기와 사업운, 정치인으로서의 당선과 성공 여부, 조상의 선산 이장에 이르기까지 신통의 위력이 미치지 않는 곳이 없는 것 같습니다.

요즈음 젊은 연인들은 '타로'라는 일본식 점들을 즐겨보는 것 같습니다. 그만큼 우리는 우리의 미래에 대해 미리 알고 싶은 욕망이 크다는 것입니다. 한편으로는 그만큼 미래에 대한 불확실성 때문에 불안감이 크다고도 할 수 있습니다. "내 마음 나도 몰라."라는 유행가 가사처럼 한 치 앞도 내다볼 수 없을 정도로 변덕스럽고 간사하기 짝이 없는 인간 마음의 속성 때문일지도 모르겠습니다.

자신의 미래에 대한 길흉화복을 알아내서 좋지 않은 일은 미리 예방한다는 취지는 참 좋은 생각입니다. 이것은 비단 우리나라뿐만이 아니라 고대로부터 전해 내려오는 나라마다의 풍습이기도 하니깐 말입니다. 한때는 월드컵의 승패를 알리는 문제까지 등장해 화제가 되기도 했습니다.

재미삼아 즐길 수도 있습니다. 문제는 인간의 나약함과 어리석음에 있다는 것입니다. 단적으로 말씀드리자면 인간의 미래는 미리 예정되어 있는 것이 아니기 때문입니다. 현재 자신이 어떤 마음과 생각으로 어떤 선택을 하느냐에 따라 미래가 결정되는 것이지, 미리 예정된 운명이 아니라는 것입니다.

왜냐고요? 다소 극단적인 얘기일지 모르겠습니다. 점술가가 그렇게 미래를 잘 알고 개인의 장래 운명을 바꿀 능력과 신통력이 있다고 칩시다. 그러면 왜 자신은 그 모양으로 살까요? 본인의 운명이야 그렇다 치더라도 왜 당신의 자식과 가족, 친지들의 운명을 확 바꿔놓지 못하는 것일까요?

누구나 지나온 과거는 잘 알아맞힐 수 있다고 합니다. 그 사람이 현재 처한 환경과 처지에 지난 삶의 이력이 고스란히 녹아있기 때문이라고 합니다. 그래서 점을 보러온 사람은 몇 가지 범주를 벗어나지 못한다는 것입니다. 크게 경제적인 문제 아니면 가족 간의 인간관계의 문제, 취업이나 승진 등 직장의 문제라고 합니다. 그래서 대뜸 "집안에 경제적인 문제가 있지요?" 하고 슬쩍 넘겨 집으면 점을 보러온 사람이 먼저 자신 스스로가 고백을 한다고 합니다. "남편 사업 문제가 잘 안 풀려서" "남편이 바람을 피우고 집안을 돌보지 않아서" 등등.

여기서 이미 점은 끝난 것입니다. 남편에게 여자 문제가 있어 굉장히 머리가 아프겠는데 하면, 주저리주저리 얘기하기 시작해 이제는 점이 아니라 오히려 본인이 얘기하고 역술가는 듣기만 하면 됩니다.

제가 친구에게 여러 번 시험을 해본 적이 있습니다. 십중팔구는 신통하다며 대문 앞에 대나무 꼽자고 합니다. 실은 자기 입으로 다 얘기해놓고는 제가 아주 잘 알아맞힌 것처럼 착각하는 것입니다.

인간의 미래는 그 누구도 알 수 없는 것입니다. 오직 창조주이신 신만이 알고 있겠지요. 그리고 또 한 사람, 미래를 알 수 있는 사람이 있다면 그것은 바로 자기 자신입니다. 자신의 내일을 알려면 오늘 지금 이 순간의 자신을 알면 됩니다. 지금 이 순간 자신이 어떤 의지로 어떤 선택을 하느냐에 미래의 운명이 결정되는 것입니다. 뿌린 대로 거둔다는 말이 있습니다. 지금 자신이 뿌린 씨앗이 미래의 결실로 나타납니다. 바로 '인과의 법칙'입니다. 원인 없는 결과는 없습니다. 행위 없는 결과는 있을 수 없습니다. 오늘의 행위가 곧 그대의 미래인 것입니다.

『논어』「자한」에 보면 공자에게는 네 가지가 전혀 없었다고 합니다. 억측하지 않고毋意, 절대 확신하지 않고毋必, 고집하지 않고毋固 아집이 없었다毋我는 것입니다. 중국의 사상가인 이중톈 선생은 『人 사람을 말하다』에서 의意를 실제와 관계없이 당연하게 여기는 것, 필必을 융통성이 없는 것, 고固를 고지식함, 아我를 경솔하고 미숙함이라고 말합니다. 이는 삶에 있어서 경계해야 할 이치로서 말하자면 사리死理, 즉 죽은 이치라는 것입니다.

저는 역술에 장래를 점치고 인생을 거는 나약한 심리를 바로 죽은 이치라고 말하고 싶습니다. 그렇다면 무엇이 생리活理, 즉 산 이치인가? 바로 매 순간 순간 깨어있는 의식으로 최선의 선택을 하는 삶입니다.

오늘만이 있을 뿐 내일은 없습니다. 지금 이 순간의 선택만이 존재할 뿐 내일이라는 미래의 선택은 존재하지 않습니다. 그대의 내일을 알고 싶다면 지금의 그대를 주시하십시오. 지금 하고자 하는 의지와 선택이 바로 그대의 미래입니다. 결코 역술을 폄하해서가 아니라 이것이 진리이기 때문입니다.

모험심이 있기에
인간은 동물보다 위대하다

    2012년 10월 14일입니다. 오스트리아의 극한에 도전하는 스포츠선수인 펠릭스 바움가르트너는 성층권 지상 3만 9,045m에서 맨몸으로 자유낙하했습니다. 세계 최초로 마하 1.24, 시속 약 1,342km 속도로 음속을 돌파, 낙하에 성공해 세상을 깜짝 놀라게 했습니다. 그의 기념비적인 신기록도 놀랍지만 낙하에 성공한 뒤에 언론과 한 인터뷰가 더욱 감동적이었습니다.

    그는 끝없는 도전에 대해 "우리가 얼마나 보잘것없는가를 이해하기 위해서는 진짜 높은 곳으로 올라가 볼 필요가 있다."고 했습니다. 또 "만약 조언을 구하는 젊은이가 옆에 있다면 내가 선배들의 도전을 깼듯이 너도 내 도전을 밟고 넘어서라고 말해주고 싶다."라고 했습니다. 그의 열정은 자신의 성취감을 위한 열정일 뿐만 아니라, 우리 모두에게 던지는 모험심과 불굴의 도전정신에 대한 독려였습니다.

인간은 대자연 앞에서는 하찮은 존재에 지나지 않지만 도전하는 데에 그 위대함이 있습니다. 저는 오늘 그의 기념비적인 성공도 중요하지만 그 이전에 겪었을 숱한 실패와 좌절의 이면을 보고 싶습니다. 실패는 성공의 어머니라 했듯이 실패 없는 성공이란 없습니다. 에디슨도 퀴리부인도 수천 번의 실패와 좌절을 겪은 끝에 인류 문명에 혁명을 가져온 신 물질을 발명했습니다. 실패는 끝이 아니라 성공을 다지는 토양입니다.

도전과 용기는 황량한 사막에 한 알의 가능성의 씨앗을 심는 일입니다. 시련의 골이 깊으면 깊을수록 더 위대한 성공을 기약하고 있습니다. 문제는 자신이 세운 목표를 이루기 위한 마음가짐입니다. 우리는 새로운 가능성을 위한 도전 이전에 먼저 실패를 두려워합니다. 실패의 두려움은 이내 좌절로 이어지고 중도에 포기하고 맙니다. 물론 세상사 되지 않는 일도 있게 마련입니다. 이때의 포기는 빠르면 빠를수록 좋습니다.

바움가르트너 역시 숱한 좌절과 인내의 고통을 겪었을 것입니다. 하지만 그는 인터뷰에서 "조언을 구하는 젊은이가 있다면 내가 선배들의 도전을 깼듯이 내 기록을 밟고 넘어서라."라고 했습니다. 새로운 도전을 시작함에 있어서 그에게는 중도포기란 개념은 아예 없었던 것입니다. 그의 오식 한 가지 목표는 기록은 깨지기 위해서 존재하는 것이고, 나는 할 수 있다는 가능성과 신념만이 있었습니다. 이것이 바움가르트너의 위대함입니다.

　실패를 모르는 불굴의 용기와 도전정신, 그 믿음이 불가능을 가능하게 만들었습니다. 불가능을 향한 그의 출발점은 가능성이었습니다. 그것은 바로 모험 정신이었습니다. 콜럼버스가 신대륙을 발견한 것도 모험심 때문이었습니다.
　모험심은 끊임없는 용기와 불굴의 도전정신을 기릅니다. 모험심은 포기와 두려움을 모릅니다. 모험심은 창조의 위대한 어머니입니다. 그렇기에 "위대한 삶을 살고 싶다면 모험심을 갖고 도전하라! 도전에는 응전이 있게 마련, 성취는 꿈꾸는 자의 것이다."라고 합니다.
　인간은 늘 자신의 한계를 넘어서 도전하는 모험정신이 있기에 그 어떤 동물보다도 위대하다고 생각합니다. 세상은 꿈꾸는 자의 것입니다. 모험과 불굴의 도전정신만이 그 꿈을 성취할 수 있습니다. 어리석음의 극치인 만용과는 그 차원이 다른 것입니다.

나는
그냥 나이고 싶다

지금까지 살아오면서 나는 늘 무엇이 되고자 했습니다. 꿈이라는 이름 아래 늘 누군가가 되려고 애써왔습니다. 무엇이 되고자 하는 그것이, 이루고자 하는 목적이 어떤 것인지를 분명하게 인식하지 못하고 그저 막연하게 그럴 것이라는 추상 속에 그 꿈을 부단히 추구해왔습니다. 개인적으로는 한 집안의 자손이고 아버지의 아들이며 한 가정의 가장이자 남편이며 아이들의 아버지입니다. 직장에서는 한 회사의 직원이고 상사의 부하며 후배의 선배였습니다. 그러고 보면 나란 존재는 언제나 삶의 종속적인 변수였습니다. 삶의 굴렁쇠의 부속품 같은 존재였습니다. 아니, 뿌리 없는 부평초 같은 인생이었습니다.

무엇이 되고자 했던 그 꿈조차도 가만히 들여다보면 참 된 나의 꿈과 희망이 아니라 타인의 생각과 시선을 의식한 가식이 자리하고 있었습니다. 남이 나를 어떻게 보며 어떻게 생각할까? 하는 의식이 짙게 깔려 있었습니다. 말하자면 주인 된 삶이 아닌 종이 된 삶이었습니다. 극단적으로 말하자면 노예나 다름없는 삶이었습니다.

이제 나는 내 인생의 주인이 된 삶을 살고 싶습니다. 내가 내 삶의 참된 주인이 되어 세상사를 능히 부리는 수처작주隨處作主의 삶 말입니다. 보지 않으면 사물이 존재하지 않지요. 듣지 않으면 아무리 아름다운 선율도 공허한 메아리일 뿐입니다. 내면의 소리를 듣고 가슴의 울림을 토하고, 함이 없는 행을 하고 싶습니다. 그러자면 언제 어느 때 어느 곳에 있건 늘 깨어있는 의식으로 살아야 하겠습니다. 늘 깨어있는 내면의 의식, 그것이 외경에 흔들리지 않을 참된 나이기 때문입니다. 미혹한 중생이고 보니 수시로 부닥치는 현실의 유혹에 눈과 귀와 마음을 빼앗기고, 혼쭐을 놓아버리기 일쑵니다.

세상의 모든 형상은 신이 창조한 피조물이라고 하지요. 우주의 의식이 창조한 것이라고 합니다. 우주를 가득 채우고 있는 신의 피조물인 만상은 그냥 존재하는 것이라 늘 변하고 또 변합니다. 의식의 유희입니다. 실체가 없는 환영입니다. 노송이 작은 솔방울 씨앗에서 생겨나 또 다른 솔 씨를 잉태하고 자신은 죽어 사라집니다. 소나무가 솔 씨를 잉태하고 솔 씨가 자라 또 낙락장송이 되듯이 부정

속의 대 긍정이 만상의 진리인 것입니다. 금강경에 보면 범소유상 개시허망凡所有相 皆是虛妄이요 약견제상비상若見諸相非相이면 즉견여래 卽見如來라는 말씀이 있습니다. 즉 무릇 상이 있는 것은 모두 허망한 것이요. 만약 모든 상이 상아님을 깨달으면 곧바로 부처라 했습니다. 이제 허상의 허망한 경계대상에 물들지 않고 내면의 참 나와 마주앉고자 합니다. 무엇이 된 나, 그 누구의 무엇이 아닌 참 나가 되고자 합니다. 이제 되고자 하는 그 마음도 내려놓아야 하겠습니다.

허허로운 들판의 허수아비처럼! 나는 그냥 나이고 싶습니다.

흔들리지 않고
나아가는 배는 없다

가슴으로 생각하라

우리는 홀로 살 수 없기에 공동체 속에서 살아갑니다. 가장 기본적으로 가족이라는 공동체에서부터 직장과 사회, 나아가서는 국가라는 대단위 공동체에 이르기까지 서로 의존하며 살아갑니다. 그러기에 인간은 사회적인 동물이라고 합니다.

공동체 생활에 있어 가장 중요한 수단이 소통입니다. 서로의 생각이나 감정, 의견을 주고받는 것입니다. "인간은 왜 소통을 할까?"라는 의문에 대해 독일 출신의 인성관계 연구가인 미하엘 마리는 『양의 탈을 쓴 가치』에서 남을 위해서가 아니라 '바로 자신의 삶을 유지하기 위해서'라고 합니다. 혼자는 자신의 욕구를 충족시키기 힘들기에 타인과의 소통을 필요로 한다는 것입니다. 즉 소통은 자신의 삶을 영위하는 데 있어 가장 기본적인 수단인 것입니다.

소통이란 항상 상대적입니다. 상대성이 없는 소통이나 일방적인 자기주장은 불통과 같습니다. 소통은 열린 마음이고 불통은 닫힌 마음입니다. 불통은 일방통행이고 소통은 상호의존과 교류입니다. 소통이 없는 일방통행은 공동체의 기본적인 존립 가치를 훼손하고 무너뜨리는 행위입니다. 억압적이고 독재적인 형태로 표출됩니다.

우리가 소통을 함에 있어서 가장 중요한 가치는 바로 경청입니다. 상대방의 의견이나 생각, 주장을 들어주어 그(상대방)가 되어 보는 것입니다. 그리고 상호관계의 조율입니다. 악기도 조율이 잘되어야 아름다운 선율을 내듯이 소통도 조율이 잘되어야 서로 간에 조화로운 관계를 유지할 수가 있습니다.

그런데 소통에 있어서 가장 큰 문제는 마음 밑바탕에는 결국 자신의 이기심이 깔려있다는 데 있습니다. 항상 자신의 이기적인 욕구 충족을 염두에 두고 소통하고 있다는 것입니다. 독일의 사회학자 퀸더 둑스 Gunter Dux는 이를 두고 "행동의 최종 목표는 항상 행동하는 사람 자신에 있다."라고 말합니다. 개인의 자기관련성을 생각할 때 직접적이거나 간접적인 욕구 충족의 의도가 깔려있지 않은 소통을 상상하기란 전혀 불가능하다는 것입니다.

소통을 함에 있어서 상호 마찰이나 불협화음이 일어나는 근본 이유도 바로 이 같은 소통 가치의 이중성 때문에 빚어지는 것입니다. 즉 개인적인 욕구 충족의 의도와 의지가 어느 정도냐에 따라 마찰이 심하고 불협화음의 목소리도 커지는 것입니다.

미하엘 마리는 이런 가치의 이중성을 일러 '양의 탈을 쓴 가치'라고 합니다. 겉으로는 공동의 선을 추구하는 것 같지만, 실은 이기적인 목적이 도사리고 있음을 빗댄 표현입니다. 배려한다는 인상을 불러일으켜서 반드시 자신의 의도를 관철시킨다는 것입니다. 사회는 상호간에 조작을 위한 하나의 거대한 행사장이라는 주장입니다. 개인뿐만이 아니라 국가 간의 관계도 이와 같다고 합니다.

저는 이런 주장에 전적으로 동의하지는 않습니다. 인간의 이기심이라는 것은 타고난 것이 아니라 사회 환경 속에서 생겨나고 길러진 부산물이기 때문입니다. 인간의 본성에 원래 이기심이라는 것은 존재하지 않습니다. 거기에는 아주 맑고 밝게 빛나는 순수 의식만이 있기 때문입니다. 바로 내면에 가득한 사랑과 자비심입니다. 이 순수 의식이 인간의 어리석음으로 인해 더렵혀지고 때가 끼면서 이기심이라는 종양이 자라난 것입니다. 원래가 흙탕물이란 존재하지 않는 것입니다. 맑은 물에 티끌이 끼면 흙탕물이 되듯이, 깨끗한 본성에 온갖 정신적, 감정적, 심리적인 때가 끼어 흐려진 것일 뿐입니다.

티끌이 가라앉으면 맑은 물을 이루듯이 인간의 본성도 이와 같습니다. 그래서 소통의 이중성, 즉 '양의 탈을 쓴 가치'라는 주장에 전적으로 동의할 수 없습니다. 그것을 공동체 생활에서 나타나는 인간 행동의 한 양태로 받아들일 수는 있습니다. 그래서 저는 가슴으로 생각하라고 말하고 싶습니다. 상대의 의견이나 주장, 생각을 받아들임에 있어서 머리로 받아들이지 말라는 것입니다.

머리는 계산적이고 이해타산적이기 때문입니다. 머리는 상대방에 대한 적극적인 이해나 배려심보다는 나라는 자의식이 먼저 발동해 따지고 계산하려 들기 때문입니다. 자신에게 불리하다는 생각이 일어나면 저항하거나, 의도나 목적을 이루기 위해 상대를 속이려 듭니다.

가슴은 포용력입니다. 바다에 이는 파도가 머리라 치면 가슴은 바다입니다. 머리에는 바깥 경계 대상에 따라 수많은 상념이 일어났다가 사라지곤 하지만 가슴은 언제나 잔잔하고 고요합니다. 바다는 파도에 방해 받지 않습니다.

가슴은 상념 이전에 존재하는 고요의 자리입니다. 그러니 머리로 생각하고 판단하려 하지 말고 그대 가슴으로 이해하고 받아들이라고 말씀드리고 싶습니다. 그러면 적어도 탐, 진, 치의 삼독 때문에 생기는 삶의 고통과 번뇌로 인한 그르침은 없을 성싶습니다. 저 역시 그런 삶을 살고자 합니다.

경배해야 할 6가지 방향의 진실

옛날 우리 할머니들은 춘하추동, 비가 오나 눈이 오나 집안과 자손의 안녕을 위해 천지신명님께 빌었습니다. 이른 새벽이나 둥근 보름달이 뜬 밤, 정화수 한 그릇 떠놓고 천지사방 신령님 우리 누구누구 어떻고 하며 손이 닳도록 빌고 또 빌었습니다. 어쩌면 그 지극한 정성 덕에 크게 아픈 일 없고 별 탈 없이 집안 식구들이 잘 지내왔는지도 모를 일입니다. 저 역시 손에 지문이 닳도록 빌었던 우리 할머니의 덕에 지금의 제가 있다고 굳게 믿고 싶습니다.

천지사방, 즉 동서남북과 하늘과 땅, 여섯 방향의 신께 빌었던 할머니의 간절한 마음처럼 부처님께서는 우리가 마음에 새겨야 할 6가지 방향에 대한 길을 제시하여 인간으로서 지켜야 할 도리를 일렀습니다.

동쪽은 친자親子의 길입니다. 부모와 자식 간에 지켜야 할 도리입니다. 부모는 자식을 돌보고 기르며 자식은 부모를 공경하고 보살펴야 하는 것이 인간의 도리라는 것입니다.

서쪽은 부부夫婦의 길입니다. 남편과 아내가 서로 지켜야 할 도리입니다.

남쪽은 사제師弟의 길입니다. 스승과 제자 간에 지켜야 할 도리입니다.

북쪽은 붕우朋友의 길입니다. 벗 간에 지켜야 할 도리입니다. 항상 정도를 철저하게 고수하며, 벗의 행복을 남모르게 걱정하고 벗이 불행할 때 위로하고 도와주며, 비밀을 지켜주고 항상 옳게 충고해야 한다는 것입니다. 이것이 진정한 벗입니다.

하늘, 즉 위는 불제자佛弟子의 길입니다. 부처님의 제자로서 계율과 윤리 도덕을 철저하게 지켜야 한다는 것입니다.

땅, 즉 아래는 주종主從의 길입니다. 주종은 오늘날의 윗사람과 아랫사람 또는 고용자와 피고용자, 직장상사와 부하 간에 지켜야 할 도리라고 할 수 있습니다. 주인이 된 도리는 일을 능력에 맞춰서 시킬 것과 적절한 보수를 줄 것, 병이 났을 때 잘 돌봐줄 것, 기쁨을 함께할 것, 피로할 때 쉬게 할 것의 5가지입니다. 오늘에 비춰볼 때 하나도 그릇됨이 없는 진리라는 생각입니다. 종, 즉 부하된 도리는 언행을 항상 정직하게 하고, 맡은 일을 성실히 하고, 주인의 명예를 손상시키지 않으며, 주인보다 먼저 출근하고 나중에 되근할 것 5가지를 지켜야 한다는 것입니다.

이 여섯 가지 방향의 도리를 받들어 지켜야 하는 것은 밖에서부터 오는 재앙을 막기 위함이 아니라 바로 자기의 마음속에서 악이 생기지 못하도록 경계하기 위함입니다. 악행은 쉬이 드러나지 않고 마치 재 속에 묻혀서 오랫동안 그을리다가 마침내 큰 불을 내는 숯불과 같다 했습니다. 또 사악한 마음을 없애기는 돌에 새긴 글자를 지우기만큼 어렵고, 착한 마음을 놓치기는 물에 쓴 글자를 놓치는 것만큼 쉽다고 했습니다.

인생의 행로에서 믿음은 양식이고, 덕행은 집이며, 지혜는 대낮을 밝혀주는 빛이며, 조심성은 밤 동안 자신을 지켜주는 보호자와 같다고 했습니다. 이는 제 말이 아니라 바로 부처님의 말씀입니다.

세상을 살아감에 있어서 부자와 부부, 사제, 친구, 상하 간에 서로 지켜야 할 도리를 늘 생각하고 마음속에 새긴다면 자신은 물론 남의 집까지 태우는 불행한 일은 결코 없을 것이라는 생각입니다. 저 역시 어느 곳, 어느 위치에 머물더라도 늘 부처님의 귀중한 삶과 처세의 가르침을 따르고 싶습니다.

고독이라는 나무는
고요의 땅에서 자란다

저는 성격상 혼자 있기를 싫어합니다. 누군가가 곁에 없으면 친구를 만들어서라도 함께하고자 합니다. 천성이라고나 할까요? 하여튼 사람 만나고 사귀기를 좋아합니다.

아닌 얘기로 제 주변에는 온갖 부류의 사람들이 다 있습니다. 이름만 대면 알만한 조폭에서부터 도굴꾼, 사기꾼, 예술가, 교수, 가수, 사업가 그리고 판·검사에 이르기까지 직업도 성격도 다양합니다. 어느 친구는 농담 삼아 말하곤 합니다. 너를 보면 인간 만물상 같다고. 젊은 시절 서는 한때 객기를 부리기도 했습니다. 만약에 제 나이 또래에 저만큼 많고 다양한 친구가 있으면 어디 한 번 나와 보라고! 사람은 내 재산목록 1호라고 떠벌리며 다녔습니다.

그 친구들 개개인이 다른 사람들에게야 어떻게 처신했는지 모르지만, 하여튼 저는 그 친구들이 밉지 않습니다. 아무리 흉악범이라도 절박하게 쫓기는 순간 마지막에 친구에게 말합니다. "친구야! 모든 것은 내가 안고 갈 터이니 내 사랑하는 가족을 부탁한다."라고. 그렇습니다. 내 사랑하는 가족입니다. 흉악하다고 남이 손가락질하고 기피하는 그 인간의 가슴에도 가족을 위하고 사랑할 줄 아는 소중한 미덕이 있다는 얘기입니다. 인간으로서 최소한의 양심이 살아있다는 것입니다. 저는 어떤 사람에게든 그런 순정이 있다는 것이 좋아서 모든 사람이 싫어해도 저는 그 사람을 좋아하게 되는 편이었습니다.

그러나 언제부터인가 저는 어울리는 것이 싫어졌습니다. 여러 사람과 어울려서 왁자지껄 백 마디의 말을 주고받아도, 한두 마디도 주워담을 것이 없다는 허무함이 들면서부터입니다. 한마디로 영양가가 없더라는 것입니다. 그리고 한 번 배신한 인간은 역시 또 배신한다는 것을 알게 되면서부터입니다. 지나친 믿음에 대한 실망과 환멸이 생겨난 원인입니다.

그래서 될 수 있으면 여럿이 어울리기보다는 홀로 있기를 좋아하게 됐습니다. 이제는 좋아하는 단계를 넘어 즐기게 되었습니다. 고상한 척 말씀드리면 내면을 더듬으며 사유한다는 것이 체질에 맞는 것 같습니다. 그것이 아주 즐겁고 중요한 일과의 하나가 되었습니다. 처음에는 가끔씩 외롭다는 감정이 들고는 했습니다. 고요한 밤, 가만히 있노라면 왠지 모르게 그리움이 차오를 때도 있었습니다. 깊은 잠에 빠졌을 누구에겐가 전화를 걸어 집 앞으로 나오라고, 그리고 왜냐고 묻지도 말고 아무 말도 하지 말고 둘이서 그냥 막걸리나 한잔하자며 조르고 싶을 때도 가끔은 있었습니다.

그러나 언제부터인가 그것은 감정의 사치임을 알게 되었습니다. 내 감정의 자아도취였습니다. 그저 고독하다고 느꼈을 뿐 진정 고독한 것이 아니었습니다. 고독은 슬픈 감정도 비참한 느낌도 아니라는 것을 조금은 알게 되었습니다. 홀로 있음은 나 자신을 성찰할 수 있는 기회였습니다. 잊고 지냈던 내면을 고요히 산책하며 음미할 수 있는 절대의 시간이었습니다.

그 절대의 시간은 고요와 침묵의 순간입니다. 체면과 가식과 위선의 가면을 벗어버리고 오직 나 자신의 양심과 마주앉아 허물없이 대화를 주고받을 수 있는 시간입니다. 그러기에 저는 언제부터인가 홀로 있음을 좋아하게 됐습니다. 고독이라는 친구를 반기게 되었습니다.

고독은 마음의 비움입니다. 비우고 또 비우면 그 자리엔 고요가 자리합니다. 텅 빈 충만의 기쁨이 찾아듭니다. 혼자만의 희열입니다. 적어도 이 시간만큼은 그 누구의 간섭도 시선도 의식함 없이 내 자신에게 가식 없는 진실의 편지를 쓸 수 있는 희열의 순간입니다. 돌이켜 생각해 보면 제 일상의 삶이 스스로의 양심을 속이고, 남의 눈을 가리며 얼마나 위선적으로 살아왔는가 하는 반증이기도 합니다.

고독이라는 나무는 고요의 땅에서 자랍니다. 고요는 사유思惟라는 자양분을 통해 고독의 나무를 살찌웁니다. 고독의 나무에 나이테가 쌓이면 지혜의 싹이 움트고, 진리의 열매가 결실을 맺을 것입니다.

지금 저는 산만하기만 하던 마음의 땅에 절대 고독이라는 씨앗을 뿌리고 있습니다. 고요와 사유의 자양분으로 북돋우고 거름을 줘서 지혜의 싹을 틔우고자 노력하고 있습니다. 그리고 영원한 진리의 열매를 달고자 합니다.

불이不二, 둘이면서 하나입니다

　세상 만물은 참으로 허망한 존재인 것 같습니다. 원래부터 존재했던 것이 아니라 만물이 모두 공空한 데서 생겨났기 때문입니다.
　씨앗이 먼저인지 초목이 먼저인지는 저는 알지 못합니다. 하지만 작은 씨앗이 자라 거목이 되고, 제 인연이 다하는 날 거목은 쓰러지고 또 다른 생명을 낳듯이 들풀도, 아름다운 꽃도, 온갖 동식물에 이르기까지 모두 그렇습니다. 우리 인간도 아니 이 육신도 어느 날 어머니 뱃속에서 태어난 것이지 홀로 하늘에서 뚝 떨어진 존재가 아니지 않습니까? 모두가 무無에서 유有가 된 존재들입니다. 만물은 공空에서 생겨난 색신色身인 것입니다.
　텅 빈 태허太虛의 우주에서 세상만물은 신의 섭리와 의지로 창조된 것입니다. 유정물이건 무정물이건 모두가 그렇습니다. 형상을 띤 색신은 인연이 다하면 또 다시 그 근원인 무無로 공空으로 돌아갑니다.

이 우주의 만물은 고정 불변의 것이 아니라 전지전능하신 신의 섭리에 따라 끊임없이 변하고 또 변합니다. 그래서 혜안의 선사들이 일찍이 '공즉시색空卽是色이요, 색즉시공色卽是空이라' 일렀던 것입니다.

'성주괴공成住壞空! 생주이멸生住離滅!' 태어나 머물렀다 생이 다하면 흩어져 다시 연원으로 돌아가는 것! 모든 게 한순간의 환영이요, 허상에 불과하다는 생각에 진리의 장엄함보다는 인연의 슬픔이 먼저 떠오릅니다. 유한한 생에 대한 집착과 생의 마지막 이별에 대한 아쉬움과 두려움 때문인가 봅니다. 아직도 미몽에서 깨어나지 못한 중생이기에 그러한 것 같습니다.

우리 인간이 백 년을 산다 해도 영원한 우주의 입장에서는 어쩌면 찰라에 불과하다는 생각에 생의 유한함이 더욱 허망하다는 생각을 지울 길 없습니다. 우주 삼라만상의 만물은 비록 형색은 달라도 한 형제자매나 다름없습니다. 우주라는 어머니의 같은 뱃속에서 태어난 여러 자식들입니다. 그러니 차별을 말아야 하겠습니다. 더 이상의 시비도 다툼도 말아야겠습니다.

지구라는 별에 잠시 여행을 와서 서로 인연이 되어 정을 나누다가 떠나야 하는 유랑의 슬픈 운명들! 네가 있어야 내가 있고, 이것이 있어야 저것이 존재할 수 있듯이 우리는 모두가 서로를 위해 함께하는 존재들입니다.

　그대와 나는 남이 아니라 하나입니다. 숱한 윤회의 업장 속에서 수많은 생을 거듭해 오면서 분명 그대와 나는 인연으로 맺은 한 몸이었을 것입니다. 그 인연이 다하고 흩어져 지금 이렇게 모양과 형상을 달리할 뿐 같은 어머니에서 태어난 같은 자식이었습니다. 우주의 형제이자 자매입니다.

　빛이 있어야 어둠이 있고, 앞면이 있어야 뒷면이 있듯이 만물은 둘이면서도 하나입니다. 삶이 있기에 죽음이 있고, 죽음이 있기에 삶이 있듯이 산다는 것은 곧 죽어가는 것이고, 죽어가는 것이 곧 사는 것입니다. 미추, 선악, 고저, 장단, 유무 등 서로 대립하고 모순되는 양단도 결국은 둘이 아닌 같은 성질인 것입니다. 모든 것은 언제나 자신의 반면으로 전화합니다. 그러기에 노자는 재앙 속에 복락이 깃들어 있고, 복락 속에 재앙이 숨어있다고 했습니다. 삼라만상 모두가 불이不二입니다. 다름이 아닌 같은 것입니다.

　그리운 이들이여! 우리 모두 죽어서도 못다 할 사랑과 자비심을 듬뿍 나누고 뿌리며 오순도순 한세상 아름답게 살다가 갑시다. 형제자매들이여!

05 흔들리지 않고 나아가는 배는 없다

　인생은 출렁입니다. 흔들리지 않고 나아가는 배가 없듯이 삶 역시도 흔들리면서 성장해가는 것입니다. 시간이라는 강물에 띠운 생의 돛단배는 때로는 순풍에 돛을 단 듯하고, 때로는 세찬 비바람과 역풍에 좌초의 위기를 겪으며 나아갑니다.

　인생은 원하든 원하지 않든 간에 어차피 선택입니다. 어떤 항로를 택해 어떠한 목적지에 이르냐는 오직 자신의 몫입니다. 그 결과가 낙관적이던 비관적이던 그것은 자신이 택한 선택의 열매인 것입니다. 때문에 우리는 그 결과를 두고 낙담할 일도 그렇다고 좋아할 일도 없는 것입니다. 모든 것이 자신의 몫이요 자신의 선택에 달려 있기 때문입니다.

　그렇기에 프랑스 가톨릭 신학자인 앙토냉 질베를 세르티앙주 신부는 『공부하는 삶』에서 절대 용기를 잃어서는 안 된다고 했습니다. "모든 것이 불합리할지라도 자신을 지킨다는 것에 만족하라. 대도시에 살면서 기회를 남용하는 머리가 꽉 찬 사람보다는 가슴에 열정을 품은 사람이 무언가를 성취할 가능성이 크다. 가파른 산을 지날 때는 정신을 집중하고 긴장하는 법이다. 평탄한 길을 걸으면 마음이 풀어지고 무절제하게 늘어져 있으며 머지않아 파멸로 치닫는다. 가장 중요한 것은 의지, 깊게 뿌리박은 의지다. 누군가가 되고 무언가를 성취하겠다는 의지다. 지금 이 순간에도 고유한 이상을 지향하는 그 누군가가 되기를 간절히 바라는 의지다."라고 했습니다.

구름에 가렸던 태양이 유난히 밝게 빛나듯이 우리의 인생도 고통과 번민과 좌절의 늪을 딛고 일어섰을 때 더욱 가슴 벅찬 환희가 느껴지는 법입니다. 좌절과 변명은 약한 자의 비명입니다. 용기를 갖고 최선을 다할 때만이 승리의 여신이 손짓하는 것입니다.

데카르트는 『방법서설』에서 "언제나 부를 정복하기보다는 자기 자신을 정복하라. 기존의 질서보다는 자신의 욕망을 바꾸려고 노력하며 자신의 생각 외에는 그 무엇도 통제할 수 없음을 믿으며 그럼으로써 외적인 문제를 해결하려 최선을 다한 후에는 더 이상 할 수 있는 일이 없다는 것을 굳게 믿으라."고 했습니다.

우리의 삶에 있어서 단 1분 1초도 쉬지 않고, 춘하추동 1년 365일 우리에게 가장 고귀하고도 소중한 소식을 전하는 우편배달부가 있습니다. 그것은 "바로 지금! 이 순간!"이라는 전령입니다.

어리석게도 우리는 미혹한 나머지 수신자 부재의 상태에 빠져 있습니다. 순간의 소중함을 인식하지 못하고 있습니다. 그러면서도 내일이라는 있지도 않은 시간에 희망을 걸고 삶을 헛되이 낭비합니다. 말하자면 뿌리 없이 외풍에 떠도는 부평초와 같은 인생입니다.

용기 있는 삶이란 늘 깨어있는 삶, 이 순간의 선택에 집중하는 삶입니다. 운전을 할 때 '지금 이 순간'에 의식이 깨어있으면 절대 교통사고가 일어나지 않습니다. 운전대를 잡고 멍하니 잡생각을 하다가 그만 불의의 상황을 맞는 것입니다. 마찬가지로 인생의 항로에서도 늘 깨어있는 삶에는 절대 후회스럽고 절망적인 사고가 일어나지 않습니다.

삶은 흔들림입니다. 일순간의 흔들림에 불안할 일도 실의에 빠질 일도 없습니다. 중심을 굳건하게 지키면 태풍이 몰아쳐도 침몰하지 않는 법입니다. 삶은 그렇게 흔들리면서 나아가는 것입니다. 늘 깨어있는 의식으로 삶의 유희를 즐기십시오.

혀를 통제하는 사람은
화를 면한다

옛 속담에 "말 한마디에 천 냥 빚을 갚는다."라고 했습니다. 말은 화를 부르는 문이라 해서 한마디 말이 사람을 살리기도 하고, 죽이기도 한다고 했습니다. 『법구경』에서도 말을 조심할 것을 가리켜 "오로지 말을 지켜라. 무서운 불길같이 입에서 나온 말이 내 몸을 태운다. 모든 중생이 그 입에서 태어나니 입은 그 몸을 망치는 도끼요, 몸을 자르는 칼이다."라고 했습니다. 한마디 말의 폐해가 어떤지를 이르는 소름이 돋는 말씀입니다.

저 역시 한마디 말을 잘못해 큰 낭패를 당한 적이 있습니다. 어떤 사안을 두고 나는 아니라는 입장을 수없이 밝혔는데도, 얼굴 한 번 본 적 없는 누군가가 이곳저곳을 들쑤시며 모함을 하고 다녔습니다. 대답하기도 귀찮고 해서 "그런데, 그랬으면 왜?" 하고 답했던 것이 사실인 양 곡해되어서 말 못할 상처를 입은 적이 있습니다. 뒤늦게야 그 사람도 자신이 큰 오해를 했다며 사과했지만 이미 엎질러진 물이었습니다. 그 한마디 대답이 제 몸을 자르는 칼이 되었습니다. 아직도 아픈 상처로 남아있습니다.

특히 정치판은 한마디의 말이 곧 생명과 같습니다. 정치正治가 아닌 정치征治판이 되다보니 특히 상대를 향한 한마디 잘못된 말이 화를 부르는 경우가 비일비재합니다.

전도유망한 어느 여당 국회의원이 여대생과 회식자리에서 성 비하 발언을 했다가 정치생명까지 잃었습니다. 여당의 대표라는 사람은 "꼴 같지도 않은 것이 대들고 있어, (이대생) 계집애들 쳐다보기도 싫어."라고 막말을 했다가 곤혹을 치렀습니다. 대통령 후보까지 했던 어느 정치인은 한미 FTA 찬반을 놓고 논쟁이 벌어지자 노무현 정부 당시 적극 찬성 입장이었던 것은 "당시엔 잘 몰랐기 때문이다."라고 했습니다. 모르면서 잘 아는 것처럼 국민을 선동했다니 더더욱 가관이 아닐 수 없습니다. 더군다나 "노인은 투표를 할 필요가 없다."라고 했다가 두고두고 욕을 먹고 있습니다.

입이 화를 부름은 그 사람의 생각이 진중하지 못해서입니다. 생각이 깊지 못하고 말을 함부로 하는 자는 행동과 처신 또한 가볍습니다. 행동과 처신이 가볍다 보니 처한 상황에 따라 수시로 말을 바꾸고 카멜레온처럼 변신을 할 수밖에 없는 것입니다.

'외불취화外不就禍 화거우외재禍拒于外哉'라 했습니다. 화에 다가가지 않으면 화도 들어오지 않는다는 말입니다. 스스로의 가벼운 입놀림이 화를 불러들이는 것이기에 고래로부터 혀를 통제하는 사람은 현명하다고 했습니다.

"사람의 혀는 야수이기 때문에 일단 고삐가 풀리면 다시 재갈을 물리기가 어렵다. 혀는 정신의 맥박이고, 지혜로운 사람은 그것으로 정신의 건강상태를 진단한다. 주의 깊은 관찰자는 이 맥박으로 마음의 움직임을 남김없이 진단한다. 지혜로운 사람은 혀를 잘 통제함으로써 근심 걱정과 난처한 꼴을 당하지 않고 자제력의 완성을 보여준다."라고 했습니다.

한마디 말을 추가할 시간은 있어도 내뱉은 한마디를 취소할 시간은 절대 없는 것이 세상의 이치요, 진리입니다. 그러니 말하기보다 듣기를 잘하라고 했습니다. 그래서 '침묵은 금'인가 봅니다.

행복이란
아무것도 필요하지 않은 것이다

 삶이란 무엇일까? 쉰의 고개를 넘어서면서 늘 삶이라는 화두를 들여다보곤 합니다. 우리가 태어나서 죽음에 이르는 과정이 곧 삶이 아닐까 합니다. 우리가 태어나는 순간이 곧 삶의 시작이자 또한 죽음으로 향하는 여행의 첫 출발점이기도 합니다.
 탄생에서 죽음에 이르는 그 여정에는 희로애락이라는 생의 우여곡절이 파노라마처럼 펼쳐집니다. 기쁨과 슬픔, 환희와 비탄, 희망과 절망, 욕망과 좌절 등 일희일비가 속절없이 이어집니다.
 우리는 누구나 행복을 꿈꿉니다. 오늘보다는 내일이라는 곳에 희망을 걸고 현재의 고통을 인내하며 살아갑니다. 행복해지고 싶다는 것은 어쩌면 우리 인간의 타고난 본성일지도 모릅니다. 그런 의미에서 우리의 인생이란 끝없이 행복이란 파랑새를 잡기 위해

길 없는 길을 떠나는 나그네의 여정이라는 생각이 듭니다.

우리의 영원한 바람인 행복이란 무엇일까? '돈이 많은 것, 권세를 누리는 것, 갖고 싶고, 하고 싶은 모든 것을 다하는 것?' 사람에 따라 추구하고 느끼는 행복은 아마 천차만별일 것입니다. 그런데 우리가 그토록 원하고 바랐던 그 이상향을 손에 넣고 '아! 나는 정말 행복하구나' 하는 그 순간, 행복감은 이내 시들해지고 만다고 합니다. 이른바 멈출 줄 모르는 욕망 때문입니다.

토마스 아퀴나스는 『신학대전』에서 '행복이란 인간이 원하는 모든 것, 바라며 좋아하는 것의 궁극'이라 했습니다. "행복의 본질은 그것 이외에는 요구할 것이 아무것도 없다 할 정도로 인간의 욕구 전체를 충만하게 해주는 것이다."라고 했습니다. 그런 의미에서 행복은 아무리 좋은 것일지라도 유한한 그 무엇에서는 절대 충족될 수가 없고, 무한한 그 무엇에 도달하는 것이 행복의 본질이라고 했습니다. 인간의 이 세상 삶에서 완전한 행복은 절대 이룰 수 없다는 것은 명백하다고 못 박았습니다.

인간의 욕망이라는 것이 자기가 바라며 좋아하는 것이 영속되기를 바라지만 모든 것은 변하기 마련이며, 인연이 다하면 사라지는 것이 만물의 섭리요 진리입니다. 더구나 행복을 느끼는 그 마음조차도 변덕스럽기 이를 데 없습니다.

토마스 아퀴나스는 "최고의 선인 덕 즉 신을 향한 사랑만이 완전한 행복에 이를 수 있다."고 했습니다. 우주 만물의 창조주인 신과의 완전한 합일에 이르지 않고는 인간의 영원한 행복이란 불가능하다는 것입니다. 그래서 "인간은 인간을 무한히 초월함으로써 인간이라는 것을 실현할 수 있다. 신은 여행자로서의 인간이 최종적으로 더듬어 찾아가는 미지의 길이자 기쁨과 안식의 희망을 불러일으키는 목적지이다."라고 했습니다.

부처님께서는 영원한 행복에 이르는 길은 참된 자기를 찾는 길이라 했습니다. 때 묻지 않은 원래의 자기의 본성을 찾으라는 것입니다. 우리가 그토록 갈구하고 도달하고 싶어하면서도 행복에 이르지 못하는 것은 바로 탐욕스런 마음, 즉 탐욕과 분노하는 마음, 어리석음의 삼독 때문이라는 것입니다. 그래서 행복해지려면 먼저 욕심을 내려놓으라 했습니다.

티베트의 선승들은 '진정한 행복과 부유함이란 자신이 가진 것에 만족할 줄 아는 사람'이라고 말합니다. "나는 아무것도 필요하지 않아."라는 태도를 취한다면 우리의 마음은 저절로 자유로워지고 고요해져 마음의 평안에 이르게 된다는 것입니다.

법정스님은 무소유의 가르침을 말씀하셨습니다.

지금 저는 속물인지라 필요한 것이 참 많습니다. 크게 가진 것도 없지만 더 가지고 싶고 가진 것에 대해 만족할 줄도 모릅니다. 더 높이 더 크게 이루고 싶은 욕망이 꿈틀거립니다. 원망과 분노의 마음도 불길만 닿으면 언제나 활활 타오를 것 같습니다. 그렇기에 저는 아직 갈 길이 먼 불쌍한 중생임이 분명합니다.

　이제 마음의 탐욕을 내려놓고 싶습니다. 만족할 줄 아는 지혜를 깨우쳐 자유로운 영혼이고 싶습니다. 고통이 없는 영원한 행복에 이르고 싶습니다. 이마저도 어리석은 중생의 욕심이겠지요? 이루고 싶고, 하고 싶은 그 마음도 이제 내려놓겠습니다. 바로 지금 이 순간부터!

참 나는 존재의 본성이다

인간은 지구상에서 참으로 오묘한 존재임에는 틀림이 없는 것 같습니다. 인간이 인간 존재의 근원을 규명하기 위한 노력은 예로부터 지금에 이르기까지 끝이 없습니다. 하나의 학문으로 자리 잡았으면서도 아직도 연구는 진행형입니다.

몸속의 구조를 파악하기 위한 것이 해부학입니다. 마음의 본질을 파악하기 위한 것이 심리학입니다. 인간의 정신 작용을 규명하려는 노력이 철학이요, 생리 작용을 알기 위한 신경 생리학, 뇌 과학 등 이루 열거하기조차 어렵고 복잡다단하게 발전하고 있습니다.

인간이란 무엇일까? 어떤 존재일까?

먼저 우리의 몸은 4대로 이루어져 있다고 합니다. '지·수·화·

풍' 즉 흙과 물과 불과 공기의 기운입니다. 우리의 뼈와 살은 흙의 기운, 혈관의 피는 물의 기운, 따뜻한 체온은 불의 기운 그리고 숨은 바람의 기운인 것입니다. 우리가 죽으면 육신이 이처럼 분해돼 생겨난 근원으로 돌아갑니다.

이 육신은 하나의 물질에 불과합니다. 이 육신을 지키고 움직이는 다섯 가지 파수꾼이 있습니다. 그것은 개개의 형상과 감정, 감각의 지각 작용, 인식력과 의지력입니다. 인간이 다른 동물과 차이를 짓는 근본적인 요소들입니다. 이 다섯 가지 파수꾼은 여섯 가지 문을 통해 드나듭니다. 바로 '안·이·비·설·신·의' 즉 보고 듣고 냄새 맡고 맛보는 촉각과 의식입니다.

인간의 가장 기본적인 존재의 양식은 이 이상도, 이 이하도 아닌 것으로 인간이라는 오묘한 존재의 출발점은 바로 여기에서 비롯돼 파생되었습니다.

이 근본적인 존재의 움직임을 지각하고 인식하고, 지휘하는 총사령탑이 있습니다. 말하자면 말이 끄는 마차에 올라탄 주인공 말입니다. 그것이 바로 마음, '참된 나'인 것입니다.

그 어떤 분별심과 생각, 판단력, 호불호의 간택심이 개입하지 않은 이 순수한 의식체가 바로 우리의 본바탕 즉, 순수한 '참 나'인 것입니다. 그리기에 깨달음이란 이 순수한 의식으로 돌아가는 것을 말합니다. 이 순수 의식은 항상 맑고 밝게 빛나는 텅 빈 거울과 같습니다.

원래 우리가 사물을 인식하는 '참 나'는 마주보고 있는 두 거울과 같은 것입니다. 그 어떤 의미나 생각, 분별, 판단이 없이 서로 있는 그대로를 비추어 드러내는 것입니다. '참 나'는 고요의 바다와 같습니다. 이 순수한 의식의 고요의 바다에 일어난 물결이 바로 우리의 생각과 감정이라는 것입니다. 말하자면 생각과 감정은 맑고 밝은 거울에 낀 때와 같은 것입니다.

우리는 이처럼 생각과 감정의 때가 낀 마음을 곧 나라고 착각하고 있는 것입니다. 허상을 실제라고 믿고 있는 것입니다. 여기에서 나라는 의식, 즉 자아가 생겨나는 것입니다. 이 자의식이 바로 근본적인 불행과 고통의 근원입니다.

우리의 생각과 감정이 일어나는 것은 바로 인연의 작용 때문입니다. 가령 내가 어떤 사물을 보고 느끼고 경험하게 되는 것을 인연이라고 하면 생각과 감정, 즉 우리의 마음이 이 인연의 작용인 것입니다. 그러기에 이 세상 모든 일은 인연으로 이루어지고, 인연 아닌 것은 없습니다.

대상이 없으면 나라는 존재도 없는 것입니다. '네'가 있기에 '내'가 있는 것입니다. 상하 좌우, 유무, 고저장단, 미추, 선악 등 이 모두가 이와 같은 것입니다. 그러니 '나'와 '내 것'이라고 생각하는 모든 것들은 '나'와 '내 것'이라는 인연으로 인해 자의식이 빚어낸 생각과 관념인 것입니다. 모든 것이 인연에 의한 필연의 법칙이고 보니 '나'도 '내 것'도 실체가 아닌 허상에 불과한 것입니다. 모든 대상은 변하고 또 변합니다. 변하는 대상으로 인해 일어난 마음 역시 따라 변합니다. 변하는 것은 실재가 아닌 허상입니다.

인간이라는 존재는 복잡하게 분석하고 따지면 한없이 복잡하지만 존재의 근원을 따지면 지극히 간단한 것입니다. 형상도 모양도 없이 언제나 빛나는 의식, 즉 텅 빈 허공과 같습니다. 무無이자, 공空인 것입니다. 이는 우리가 태어나기 이전부터 있어왔고 현재에도 미래에도 영원한 불변, 불멸의 존재입니다.

가去=거고 옴來=래도 없고 생生과 사死도 없습니다. 영원히 변치 않는 불멸의 의식이 곧 존재의 근원이자 '참 나'인 것입니다.

인간성의 회복은 바로 '참 나'로 돌아가는 것입니다. '참 나'를 발견하는 일입니다. 이제 나는 '참 나'인 그 본성을 찾아 길 없는 길을 떠나고자 합니다.

이타적 유전자

평생을 유전자 연구에 바친 일본의 70대 노 과학자 '무라카미 카즈오'의 『바보는 신의 선물』이라는 책이 있습니다. 이 책을 보면 인간은 60조의 세포로 구성되어 있는데 모든 세포의 핵 속에는 DNA 즉, 유전자 정보가 있다고 합니다. 한 가지 충격적인 것은 이 유전자 가운데 세포 스스로가 살신성인의 자세로 자살을 재촉하는 유전자가 있다는 것입니다.

가령 올챙이의 꼬리는 개구리로 성장한 시점에서는 전혀 모습이 남아 있지 않습니다. 세포가 자진해서 사라진 것으로 이러한 세포의 자살을 '아포토시스Apoptosis'라고 합니다. 유전자 중에 존재하는 '모타린'이라는 자살을 재촉하는 유전자의 역할이 크다는 것입니다. 이른바 '이타利他적인 유전자'인 '모타린'이라는 유전자의 희생

덕분에 개구리가 완전한 성체로서 불편 없이 삶을 살아갈 수 있다는 얘깁니다.

인간의 삶의 원형에도 이처럼 타인을 이롭게 하려는 착한 유전자가 있습니다. 대립과 경쟁보다는 협동과 양보하려는 유전자가 있어 남을 이롭게 하려는 사람은 자신도 행복해 집니다. 문제는 다른 생물들은 다 이타적인 순수한 원형질을 유지하고 있는데 유일하게 우리 인간만이 이를 망각하고 지냅니다. 이타적인 유전자보다는 이기적인 유전자가 득세를 하는 것입니다.

바로 인간의 탐심과 진심, 치심의 삼독의 광기에 물든 어리석음 때문이 아닌가 생각됩니다. 탐욕과 성냄, 어리석은 행동이 인간 본연의 순수성을 가리고 끝내는 과욕에 치어서 자기 파멸을 가져오고야 마는 것입니다. 당장 남보다는 나 자신의 욕망을 채우려는 이기심이 공동체적인 삶의 가치와 정신을 훼손하는 것입니다.

'우리' '같은 편'이라는 이기심 또한 마찬가지입니다. 인종이나 종교, 집단생활을 통해 '우리'라는 의식이 자리 잡아 울타리를 치는 순간, 곧바로 '그들'이라는 경계외적인 적을 만들어 냅니다. 내 편은 선이고 좋은 것이요, 그렇지 않으면 악이요 배척의 대상이 되고 맙니다.

과학자들은 인간이 느끼는 행복 가운데 대략 40%는 유전자에 달려있고, 10%는 여러 가지 상황 즉 승진이나 자동차 구입 같은 외적인 요인, 그리고 50%는 다른 사람을 위해서 무엇인가 하는 데서

나온다고 합니다. 헬퍼스 하이helper's high 즉 다른 사람을 도우면서 느끼는 자신의 행복이라는 것입니다.

불교에서는 삶의 근본 진리로 자리행自利行, 이타행利他行을 말합니다. 나도 좋고 남도 좋은 처신을 말합니다. 누이 좋고 매부 좋은 삶의 자세입니다. 비록 개구리의 '모타린'과 같은 살신성인의 삶은 아니더라도 나 자신부터가 먼저 적어도 함께 더불어 사는 삶의 자세를 가져야겠다는 생각이 간절합니다. 그래야 나 자신도 보다 큰 행복을 느낄 수 있으니 말입니다.

법구경에 "해서는 안 될 일은 하지 않은 게 상책이요, 해야 할 선행善行은 하는 것이 상책"이라 했습니다. 악행은 뒤에 가서 반드시 뉘우침을 가져오고, 선행은 나중에 기쁨과 행복감을 가져다주기 때문입니다.

헬퍼스 하이! 이타적인 유전자를 되살려 더불어서 함께 사는 공동체의 지혜를 길러야겠습니다. 타인의 행복과 기쁨을 통해 바로 내 자신의 행복과 기쁨도 배가 되니 말입니다.

육신은 살아있는 보탑이다

우리의 몸도 일반 상품처럼 상품과 중품, 하품이 있다고 합니다. 양산 통도사 방장을 지내셨던 경봉 선사의 말씀입니다.

우리의 몸 가운데 눈과 귀는 그래도 상품이라고 합니다. 조그마한 티끌만 들어가도 괴롭고 참기 어렵거니와 더러운 이물질이 거의 나오지 않으니 상품에 속한다는 것입니다. 코와 입은 콧물과 악취가 풍기니 중품에 해당되고, 하품은 배꼽 아래 부분이라고 합니다. 조금만 관리를 하지 않아도 심한 악취가 나고 더러운 오물을 쏟아내니 하품이라는 것입니다.

그런데 우리는 상품이나 중품보다는 하품에 보다 많은 욕심을 부립니다. 애욕이나 성욕, 식욕을 멈출 줄 모르고 끊임없이 추구하려고 합니다. 아마 배설의 욕구가 인간의 가장 뿌리 깊은 욕구이기 때문이 아닌가 생각합니다.

그렇다면 우리 인간에게 있어서 플러스 1등급은 무엇일까? 바로 정신입니다. 육신은 하나의 도구에 불과합니다. 아무리 건강한 신체를 지녔다고 하더라도 그 사람의 정신이 올바르지 않으면 상품 축에도 끼지 못하는 법입니다. 겉은 멀쩡해도 속이 썩은 물건이나 다름없기 때문입니다. 말하자면 소비자의 눈을 현혹시키기 위한 속박이형 상품인 것입니다.

정신이 건강해야 몸도 건강해집니다. 건강한 정신에 건강한 육체라는 말이 있잖습니까. 그러나 무엇보다도 최고의 극상품은 바로 우리의 영혼이 아닐까 생각합니다.

영혼은 곧 우리 자신이기 때문입니다. 우리의 정신적인 삶의 이력서가 곧 영혼이기 때문입니다. 말하자면 영혼은 우리의 정신적인 삶의 지문입니다. 촛불을 켰을 때 초가 육체라면 심지는 정신입니다. 그리고 밝은 빛은 우리의 빛나는 영혼이라 할 수 있습니다.

우리는 건강한 육체와 건전한 정신을 통해 우리의 영혼의 불을 밝혀야 합니다. 밝은 빛이 온 누리를 비추듯이 우리는 온 누리에 지혜의 등불을 밝혀야 합니다. 그것은 이웃에 대한 사랑과 자비심이자 곧 자기애인 것입니다.

경주 불국사에 가면 석가탑과 다보탑이 있습니다. 석가탑은 2층의 기단 위에 3층을 앉힌 탑으로 5층 석탑입니다. 다보탑은 12층으로 된 석탑입니다.

경봉 선사는 석가탑과 다보탑은 바로 인간의 몸을 형상화한 것이라고 말합니다. 우리가 앉아있을 때는 무릎과 허리까지 2층으로 된 기단에 몸통과 목, 머리의 3층이 올려져 5층인 것입니다. 석가탑입니다. 여기에 팔을 쭉 위로 뻗어 손가락 다섯 마디에 팔의 두 관절을 합하면 7마디로 모두 12층이 되는 것입니다. 바로 다보탑입니다.

탑은 그냥 조형물일 뿐입니다. 하지만 우리의 육신으로 된 탑 안에는 오감을 통해 자유롭게 드나드는 영혼이 있는 것입니다. 그러니까 육신의 탑은 자유로운 영혼이 살아 숨 쉬는 보탑으로 다보탑과 석가탑과는 견줄 바가 아니라는 얘깁니다.

우리는 이 거룩한 보탑 즉 살아있는 부처님을 알지 못하고 어리석게도 자꾸 밖에서 진리를 구한다고 합니다. 내 몸 안에, 내 육신 안에 있는 살아있는 참된 나, 자유로운 영혼, 살아있는 부처님을 바로 보아야 하는데 말입니다. 그러니 눈을 맑고 밝게 뜨고 보면 내가 곧 부처님이요, 우리 모두가 생불生佛인 것입니다. 그런데 정작 우리는 생불을 보지 못하고, 불결하고 악취가 나고, 언젠가는 썩어서 없어질 몸뚱이를 금지옥엽으로 여기고 있으니 어리석은 중생일 수밖에 없습니다. 인생을 헛되이 살고 있는 것입니다.

우리의 피부는 끊임없이 벗겨져서 4주마다 완전히 새 피부로 바뀐다고 합니다. 평생 동안 벗어버리는 피부의 무게가 약 48kg 정도로, 천 번 정도 새로운 옷으로 갈아입는다고 합니다. 우리는 이 변하고 또 변하는 가죽 포대로 둘러싸인 몸뚱이를 나 자신으로 알고 또 믿고 애지중지합니다. 천 년을 변치 않을 것처럼 어떤 희생과 대가를 치러서라도 온갖 좋다는 묘약은 죄다 처방하려 듭니다. 피고름 덩어리를 말입니다.

눈 뜬 장님입니다. 혼이 나간 사람, 얼빠진 사람입니다. 숨만 쉴 줄 아는 산송장이나 다를 바 없습니다. 우리 모두 마음의 눈을 크게 뜨고 생불을 바로 봅시다. 껍질 속의 진주를 캡시다. 진실한 자기를 바로 봅시다. 그리하여 무애자재无涯自在한 대 진리의 바다에 이르렀으면 합니다.

용서는 사랑보다 어렵다

2012년 2월 미국 오하이오 주에서 한 고교생이 급우에게 총기를 난사해 3명이 숨지고 3명이 다쳤습니다. 범인은 그 이유에 대해 아무런 동기나 이유도 없이 그저 신문 1면을 장식하고 싶었기 때문이라고 했습니다. 더구나 법정에 선 범인은 후회나 반성의 기미는커녕 시건방진 표정에 비웃음까지 지으며 오히려 유족들에게 '손가락 욕'까지 했습니다. 악마의 화신이나 다름없습니다. 하지만 범인은 아직 18살의 미성년자여서 사형적용 대상자가 아니어서 가석방 불허를 전제로 송신형 3회에 징역 37년형이 추가로 내려졌습니다.

정신병자를 넘어서 이런 짐승만도 못한 인간에 대한 피해자 가족들의 분노와 저주는 어찌 말로 다 표현할 수 있겠습니까. 피해자의 한 유족은 "내게 선택권이 있다면 그를 극도로 천천히, 가장 고통스러운 방법으로 죽이고 싶다."라고 했습니다. 아닌 얘기로 죽은 뒤에 부관참시를 한들 그 여한이 풀리겠습니까?

또 다른 피해자 가족은 "그는 사악한 인간이지만 그의 망령에 시달리지 않으려면 결국 내가 그를 용서할 수밖에 없지 않겠느냐."라고 했습니다. 이들 피해자 가족들의 한 맺힌 절규가 공명이 되어 내 가슴에 와 박혔습니다.

만약에 나라면 어떻게 처신을 했을까? 아마도 분노에 치를 떨며 상상할 수 있는 모든 방법을 다 동원해서라도 그에게 복수를 하려 들거나 저주를 퍼부었을 겁니다. 그런데 한 가족은 비록 자포자기의 심정이었겠지만 그의 망령에 시달리지 않기 위해서라도 용서를 할 수밖에 없다고 했습니다. 나를 위한 용서를 택했습니다. 그에 대해서 아무리 분노하고 미워해 보았자, 정작 괴로움을 당하는 것은 자신일 수밖에 없습니다.

달라이 라마는 "용서는 단지 우리에게 상처를 준 사람을 받아들이는 것만을 의미하지 않는다. 그것은 그들을 향한 미움과 원망의 마음에서 스스로를 놓아주는 것이다."라고 했습니다. 용서는 무엇보다도 자기 자신에게 베푸는 가장 큰 의미이자 사랑입니다. 악령에 시달려야 할 자기 자신을 구원하는 길인 것입니다.

성서에 자기 눈의 티끌은 보지 못하면서 남의 눈에 대들보는 본다고 했습니다. 우리는 자기 자신의 잘못에 대해서는 관대하지만, 남의 잘못에 대해 관대하기는 어려운 법입니다. 용서하는 잣대의 기준을 달리하는 것입니다. 남을 꾸짖는 마음으로 나를 꾸짖고, 나를 용서하는 마음으로 남을 용서하라고 했습니다.

셰익스피어는 "남의 잘못에 대해 관대하라. 오늘 저지른 남의 잘못은 바로 어제 나의 잘못이었던 것을 생각하라."라고 했습니다. 그것은 바로 남의 잘못을 너그러이 놓아주는 것이 결국 자기의 구원이자 사랑이기 때문입니다.

플라톤은 "자신을 증오하는 사람은 사랑할 수 있지만, 자신이 증오하는 사람은 진정 사랑할 수가 없다."라고 했습니다. 역으로 말하자면 자신을 증오하는 사람에 대해서는 용서가 가능하지만, 자신이 증오하는 사람에 대해 용서하기는 어렵기 때문입니다. 그러기에 용서하기란 사랑하기보다 어렵다고 했습니다.

세월이 약이라 했습니다. 이제 남을 위해서가 아니더라도 바로 나 자신의 영혼의 구원을 위해서도 너그러이 용서하고 사랑하는 삶을 살아야겠습니다. 미운 사람에게 떡 하나 더 주는 마음으로 말입니다.

시기猜忌는 영광이라는 수입에 부과되는 세금이다

마음에 심한 상처를 주고 분노를 일으키는 행위들을 떠올려 봅니다. 시기와 질투, 모함, 배신, 험담, 비난, 고자질, 경멸, 멸시, 모욕, 저주, 거짓말, 따돌림, 모욕, 굴욕감, 잘난 척, 아는 척…. 지금껏 살아오면서 적어도 이런 행위들로 인해 자신이 상처를 받았거나, 남에게 상처를 준 일들이 적어도 한두 번은 있었으리라고 생각합니다.

저 역시 돌이켜보면 상처를 받은 적도 상처를 준 적도 많았던 것 같습니다. 철부지 기자 시절 속된 말로 남이 잘나가는 기자라는 말에 하늘 높은 줄 모르고 고개를 들었습니다. 주워들은 어설픈 상식으로 다 아는 척, 똑똑한 척 허세도 부렸습니다.

또 기자 생활 30여 년간 한 번도 같은 사무실에서 근무해 본적도 술 한 잔, 밥 한 끼 마주해 본 적 없는 동료가 더러 있습니다. 본사 내근보다는 대부분 대구, 경북지역 취재 현장에서 야전군으로 오래 근무하다 보니 부서가 달라서 그런 경우입니다. 그런데 나와 함께 10년 이상을 온몸으로 부대낀 동료보다 이 친구들이 오히려 나를 더 잘 아는 듯 제멋대로 추측해서 얘기하는 어처구니없는 일도 있었습니다.

남에게 한 번도 이런 감정을 베푼(?) 적도 당한 적도 없다면 인격적으로나 도덕적으로 완벽한 성인군자이겠지요. 문제는 본인의 뜻과는 무관하게 비난이나 모함을 받았을 때 어떻게 반응하고 대처하느냐는 것입니다.

대부분 즉각 해명에 나서거나, 상심한 나머지 고통스러워할 것입니다. 물론 이런 행위를 저지른 인간에 대한 원망도 많이 할 것입니다. 제 경우만 하더라도 분을 삭이지 못해 한밤중에 당장 전화를 걸어 욕설을 퍼부은 적도 있습니다. 돌이켜 보면 참 어리석고 부끄러운 행위였다는 생각이 듭니다. 진실의 여부를 떠나서 상대방으로부터 시기나 비난, 질투를 받았다는 것은 우선 나 자신이 인격적으로나 도덕적으로 결함이나 오해의 소지가 많았기 때문입니다.

또 역으로 남을 시기하고 비난하고 모함하는 사람치고 제대로 된 인간이 없습니다. 남의 눈에 티끌은 잘 보면서도 제 눈의 대들보는 보지 못합니다. 그런 사람을 상대해서 자신을 해명한다는 자체가 수치스럽고 졸렬한 인간이 될 수밖에 없습니다.

현명한 길은 무반응이 상책이라는 것입니다. 먼저 왜 그러는지에 대해 자기성찰을 해보고 잘못이 있으면 바로잡으면 됩니다. 그렇지 않은 경우라면 침묵을 지키라는 것입니다.

토마스 아퀴나스는 "비난에 대해 잘못을 바로잡고 침묵을 지키라."는 위대한 격언이라고 말합니다. 질베르 세르티앙주 신부는 『공부하는 삶』에서 "'그들은 자신을 무너뜨리려는 힘을 오히려 승리를 향해 나아가는 추진력으로 삼았고, 자신에게 날아오는 돌로 오히려 집을 지었다.'라는 격언을 실천한 사람은 언제나 위대하게 되었다."라고 말합니다. 진실은 스스로를 변호하기 마련이고, 그로 인한 자신의 평온이 그 어떤 가치보다도 중요합니다.

예부터 절대 비천한 자에게는 시기나 모함, 질투가 가해지지 않았습니다. 언제나 재능이나 학식, 덕행이 남보다 탁월한 사람에게 가해졌습니다. 그것은 심성이 뒤틀린 인간들의 속성이기 때문입니다. 곡학아세曲學阿世하는 천박한 인간 군상들의 속물근성인 것입니다.

괴테는 "창조적이지 못한 모든 개인은 언제나 취향이 부정적이고 편협하고, 배타적이며, 창조적인 존재로부터 에너지와 생명을 박탈한다."라고 했습니다. 또 지적인 인간은 어디서나 지성을 발견하지만 어리석은 인간은 어떤 벽에나 편협하고 무기력한 그림자를 드리우는 법이라고 했습니다.

사촌이 논을 사면 배가 아픈 법입니다. 그러므로 시기와 질투,

모함, 비난 같은 것은 영광이나 탁월함, 진리라는 수입에 부과되는 세금과 같은 것이라고 말합니다. 결코 비난에 분노하거나 고통스러워 하지 마라! 변명하려들지 말고 침묵하라!

참새들은 이내 방앗간을 떠나기 마련이니 말입니다. 벼가 익을수록 고개를 숙이듯 스스로를 삼가고 인내하며 겸허할 줄 아는 마음이 험난한 세파를 넘는 용기와 지혜가 아닌가 생각합니다.

봄바람이 심하게 부는 것은 자연의 섭리이다

피로한 심신을 달래고 자성의 시간도 가질 겸해서 조용한 산사를 찾았습니다. 합천에 있는 고즈넉한 사찰 청강사입니다. 집채보다 더 큰 바위가 사찰 입구에 자리하고 있어서 바위 뒤를 돌아가기 전까지는 대웅전이 보이지 않는 규모가 작은 절입니다.

봄을 재촉하는 단비가 추적추적 내리는 밤입니다. 그렇지 않아도 심란한 밤. 창문을 두드리는 굵은 빗줄기가 더욱 속세의 상념에 젖어들게 합니다. 밤하늘에 빛나던 영롱한 별빛도 자취를 감추고 캄캄한 어둠 속에 빗소리만이 적막한 산사의 봄밤을 울립니다.

빗소리에 마음을 실어 가만히 귀를 기울이는 순간, 문득 가슴을 두드리는 고동소리가 들려옵니다. 저벅저벅 먼 곳에서 발자국 소리가 점점 더 가까이 다가오는 듯하더니 이내 마음의 문을 열어젖

힙니다.

　슬픈 심사는 사라지고 가슴에 왠지 모를 설렘이 차오릅니다. 그리고 속삭입니다. 지금 내리는 이 봄비는 그대의 뒤틀린 심사를 울리는 슬픈 곡조가 아니라 희망의 변주곡이라고!

　아! 미처 저는 생각지 못했습니다. 기다림의 미학을 알지 못했습니다. 모진 겨울 끝에는 희망의 새봄이 온다는 것을 망각하고 있었습니다. 분명 이 빗줄기는 겨우내 꽁꽁 얼어붙었던 대지와 산천초목에 생명의 활력을 불어넣는 신의 은총이었습니다. 그런 빗줄기가 한없이 정겹고 감사하게 느껴졌습니다.

　그렇습니다. 어찌 모진 겨울 없는 봄이 있겠으며, 인고의 고통이 없는 새 희망을 고대할 수가 있겠습니까? 지금 이 마음속 응어리진 분노도 언젠가는 치유의 빗줄기가 내려 봄눈이 녹듯이 녹아내리면서 새 희망의 싹을 움틔우겠지요.

　경봉선사의 말씀이 생각납니다. 봄이 오기 전 겨울의 끝자락에 유난히도 세찬 바람이 부는 연유를 아느냐고. 그것은 겨우내 꽁꽁 얼어붙었던 나목의 몸통과 가지를 흔들어서 그 갈라진 틈 사이로 새싹이 쉽게 움트도록 하기 위함이라고 했습니다. 결코 봄바람의 시샘이나 심술이 아니라 자연의 섭리라는 예찬입니다.

　자연의 그 위대하고도 오묘한 섭리를 우리 인간은 그저 성가시고 불편한 존재로만 편의주의적인 잣대로 재단해 왔습니다. 말하자면 정작 꽃은 생각이 없는데, 미혹한 인간 스스로가 사랑, 분별심이라며 지지고 볶고 난리를 치는 것입니다.

  지금 내리는 이 봄비 역시 제 마음의 슬픈 곡조가 아니라 모질고 긴긴 겨울을 이겨낸 삼라만상 미물들에게 내리는 신의 성찬인 것입니다. 우주의 위대한 섭리인 것입니다.

  추적추적 봄비 내리는 산사의 이 밤! 제 심사의 외곬 진 계곡에도 이해와 용서의 자비의 단비가 내려 화창한 새봄! 새 희망의 싹이 무럭무럭 움트기를 고대해봅니다. 이 밤이 지나면 새벽이 밝아오듯이 말입니다.

바다는 파도에 젖지 않는다

삶의 요체는 행복입니다. 행복한 삶이란 번뇌와 고통이 없는 삶입니다. 번뇌와 고통이란 생각과 감정의 산물입니다. 즉 외적인 경계 대상에 대해 마음이 일으킨 상념인 것입니다. 그래서 행복해지려면 흔히들 마음을 비우라고 합니다.

세수 대야에 담긴 물이라면 확 쏟아버리면 되는데 도대체 마음을 비우라니 무엇을 어떻게 하라는 말인지 도무지 아득하기만 합니다. 마음을 비우라는 말은 물그릇을 비우듯이 쏟아버리라는 것이 아닙니다. 그릇에 담겨 줄렁이는 물결을 가라앉히듯이 움직이는 마음을 고요히 가라앉히라는 말입니다. 탁한 생각과 감정을 맑고 고요하게 하라는 것입니다. 말처럼 그렇게 쉬운 일이라면 세상에 벌써 부처 아닌 사람이 없을 것입니다. 그만큼 힘들고 어렵기에 스님들도 평생을 바쳐서 마음공부를 하라고 이르는 것입니다. 마음공부를 하는 첩경은 불교에서는 화두를 들라고 합니다.

달마가 동쪽으로 온 까닭은如何是 祖師西來意? 뜰 앞의 잣나무庭前栢樹子 같은 공안公案을 택해 그 의미를 완전히 타파할 때까지 끊임없이 참구하라고 이릅니다. 명상이나 참선과 같은 의미입니다.

달라이 라마가 20세기 가장 위대한 철인哲人이라 칭송한 인도의 사상가이자 명상가인 크리슈나뮤르티는 "마음이 일으키는 상념을 그냥 바라만 보라."고 했습니다. 대상에 대해 채색이나 덧칠, 분별을 하지 말고 마음에 일어나는 그대로 그냥 지켜만 보라는 것입니다. 중간에 다른 상념이 끼어들어도 동요 없이 계속 지켜보기만 하라고 했습니다. 티베트의 존경받는 영적인 스승인 쇼갈 린포체는 "명상 중에 아무 생각이나 감정이 없을 것이라고 생각하는 것은 뼈 없는 고기나 잎사귀 없는 차를 요구하는 것이나 같다."고 했습니다.

파도가 바다의 본성이듯이 생각과 감정은 마음의 본성입니다. 그냥 마음에 일어났다가 가라앉도록 내버려 두면 되는 것입니다. 억지로 억누르려 하면 할수록 마음은 용수철처럼 더욱 강하게 솟구칩니다. 그러기에 생각에 집착하지도 말고, 그것에 빠지지도 말고, 붙들려 하지도 말고, 따라 들어가지도 말라 했습니다.

생각을 다스리려면 '생각에 대해서 생각지 않는 것'이 최선의 방법이라고 합니다. 어찌 하루아침에 이루어지겠습니까마는 계속 갈고 닦다가 보면 때가 무르익고, 자신도 모르게 자기 마음을 통제할 수 있는 순간이 찾아오기 시작합니다. 마음이 슬그머니 꼬리를 감추기 시작합니다. 그러면서 평안과 고요가 깃들기 시작합니다.

　마음이 고요해지면 주변과 대상을 바라보는 방법과 인식이 달라지기 시작합니다. 그토록 소중하게 여겼던 희·노·애·락의 모든 경계 대상과 욕구들이 참 허망하다는 깨달음이 일기 시작합니다. 번뇌와 고통도 마음이 지어낸 것입니다. 허상입니다. 일체一切가 마음의 허상인 것입니다. 원래가 나도 없고 너도 없습니다. 무일물無一物입니다. 불멸의 의식만이 존재합니다. '참 나'만이 홀로 빛나고 있습니다. 그윽한 열락의 기쁨이 지속됩니다. 촛불이 어둠을 밝히듯이 말입니다.

　이렇게 말하는 저 역시 아직 완전 깨달음에 이르지 못한 중생인지라 시행착오를 반복하고 있습니다. 하지만 한 가지는 분명하게 말씀드릴 수 있습니다. 마음에 번뇌와 고통의 그림자가 드리워질 때마다 가만히 주시하기만 하면 됩니다. '아! 지금 내가 고통스러워하고 있구나' 하고 알아차리기만 하면 됩니다. 그리고 그것을 바라보기만 하면 마음의 안정과 고요가 찾아듭니다. 번뇌와 고통이 슬그머니 사라집니다.

　바다는 파도에 젖지 않습니다. 일렁이는 파도는 허상일 뿐입니다. 무명이 빚은 착각에 불과할 따름입니다. 삼라만상이 있음有도 아니요, 없음無도 아닙니다. 아닌 것 또한 아닙니다. '참 나'는 모든 것을 초월한 자리입니다. 그냥 있음입니다. 텅 빈 청정한 원시의 마음입니다. 영원한 진리는 양변을 떠난 중도입니다.

모욕은 자신을 담금질하는 풀무이다

장쟈크 루소는 『고독한 산책자의 몽상』에서 "나는 혼자 있을 때는 내 자신이 된다. 그러지 않을 경우에는 나 자신을 둘러싼 사람들의 노리개가 된다."라고 했습니다. 인간은 사회적인 동물이다 보니 홀로 사는 것이 아니라 늘 관계를 맺고 살아가야 합니다. 그러다 보니 의도적이든 아니든 상대방으로부터 크고 작은 상처를 받게 되는 경우가 많습니다.

참기가 가장 어려운 경우 중의 하나가 바로 모욕 즉 인간적인 모멸감이 아닐까 합니다. 모욕을 받게 되면 대부분 자신의 감정을 주체하지 못하고 곧바로 분노하기 십상입니다. 단순한 욕설의 차원을 넘어서 자신의 인격과 자존심을 송두리째 흔드는 행위이기 때문입니다. 대부분 즉석에서 화를 내지 않으면 돌아서서라도 분노를 폭발시키는 것이 인지상정입니다. 그만큼 격한 감정을 불러일으키는 것입니다.

모욕은 강한 사람이나 윗사람 또는 소위 잘나가는 사람보다는 약자의 위치에 있는 사람이 보다 많이 받게 됩니다. 물론 친구 간에도 부지불식간에 그런 경우가 더러 있지만 약자가 강자를 모욕하는 일은 거의 없습니다. 그러기에 즉각 대응을 하지 못하고 속만 부글부글 끓이는 경우가 대부분이기도 합니다.

중국 서진의 두예는 "모욕은 불공평한 일이지만 함부로 분노해서는 안 된다. 이를 받아들여서 분발하는 계기로 삼아야 한다."고 했습니다. 모욕을 참는 것이야 말로 모욕을 벗어나는 첫 걸음이니, 이는 약자로 하여금 기회를 주어서 점차 강해질 기회를 부여하는 것이란 말입니다. '욕불멸인辱不滅人 멸우종노滅于縱怒' 즉 모욕은 사람을 멸망시킬 수 없어도 분노와 방종은 사람을 멸망시킬 수 있다고 했습니다. 모욕은 기분을 상하게 하지만 결코 치명적인 것은 아니라는 얘기입니다.

역사적으로 성공한 사람은 모두 결코 감정대로 행하지 않고 이성을 지키면서 현명한 결정을 하기 위해 참고 견뎌냈습니다. 모욕을 당했다고 함부로 화풀이를 한다면 자신만 망칠 뿐, 절대 격정에 휩쓸리지 말고 인내하는 마음가짐이 필요하다는 것입니다.

삼국지에도 유명한 일화가 있습니다. 한신이 젊은 시절 늘 긴 장검을 즐겨 차고 다녔는데 어느 날 동네 불량배가 그 장검으로 자기를 죽여보라고 하였습니다. 그러나 한신이 응하지 않자 불량배는 자신의 가랑이 사이를 기라고 합니다. 한신은 수모를 참고 그 사이를 기었습니다. 훗날 유방을 도와서 파초대원수의 지위에 까지 오른 한신은 오히려 그때 불량배에게 후한 상까지 내렸습니다. "그대가 있었기에 오늘의 나 한신이 있게 되었다."라고 하면서 말입니다. 비록 한신의 덕까지는 아니더라도 참고 인내하며 기다릴 줄을 아는 마음가짐이 삶의 지혜가 아닐까 생각합니다.

남을 지배하려면 먼저 자신을 다스리는 지배자가 되라고 했습니다. 발타사르 그라시안은 "시간이라는 들판 한가운데 있는 기회를 잡으려면, 먼저 그 들판 주위를 둘러서 가는 지혜가 필요하다. 시간의 지팡이는 헤라클레스의 무쇠 몽둥이보다 더 큰 위력을 발휘한다. 신은 회초리가 아닌 시간으로 인간을 단련한다."라고 했습니다.

행운은 기다릴 줄 아는 사람에게만 우승의 월계관을 줍니다. 모욕에 당장 반응해 분노를 터트리면 일시적으로는 상한 속이 풀릴 수는 있습니다. 하지만 그러면 자신 역시 모욕을 준 그런 인간과 전혀 다를 바가 없습니다. 곧바로 후회를 하기 십상입니다. 이를 참고 인내하며 오히려 자신을 더욱 강하게 담금질하는 풀무로 삼는 지혜가 필요합니다.

슬픔의 눈물을 흘려본 사람만이 기쁨의 눈물도 흘릴 줄 안다고 했습니다. 아픔을 당해본 자만이 아픈 사람의 심경을 이해할 수가 있습니다. 저 역시 분노의 시간을 잘 삭이고 되새김질해서 발전의 계기로 삼는 지혜로운 사람이 되고 싶습니다.

멈춰야 할 때
멈추는 것이 진정한 용기이다

탈무드에 이런 얘기가 있습니다.

최초의 인간이 포도나무를 키우고 있었습니다. 그때 악마가 찾아와서 "무엇을 하고 있느냐?"고 물었습니다. 인간은 "아주 멋진 식물을 키우고 있습니다."며 악마에게 포도나무에 대해 차분하게 설명해 주었습니다. "이 식물에는 맛있고 달콤한 열매가 열리는데, 익고 나서 즙을 내서 마시면 마음이 행복해진답니다."

악마는 인간에게 즙을 짜면 자기에게도 달라고 부탁을 하고는 양과 사자와 원숭이와 돼지를 데리고 왔습니다. 악마는 그 짐승들을 죽여 얻은 피를 포도나무의 거름으로 썼습니다. 이렇게 해서 포도주가 처음 생겼다는 것입니다. 그래서 술을 처음 마실 때는 양처럼 순하고, 조금 더 마시면 사자같이 사나워지고, 좀 더 마시면 원숭이같이 춤추고 노래를 부르고, 아주 취하면 토하면서 뒹굴어서 돼지처럼 추하게 된다는 것입니다.

과하면 모자람만 못하다는 속담이 있습니다. 일이 잘되면 '이번 한 번만 더' 하고 악마의 속삭임에 빠지고, 일이 잘못되면 이를 만회하기 위해서 '딱 이번 한 번만 더' 하고 또 악마의 유혹에 넘어가곤 합니다.

성실히 노력해서 얻은 이익이 아니라 특히 뜻밖의 횡재수가 생겼을 때 더욱 그렇습니다. 끝내 더 이상 어찌할 수 없는 치명상을 입고서야 때늦은 후회를 하게 됩니다. '그만' 할 때 관뒀으면 얻은 것도 잃지 않고, 잃은 것도 손해를 덜 볼 텐데 말입니다.

멈출 줄 모르는 인간의 과욕이 문제인 것입니다. 무엇이건 과하면 재앙을 부르게 마련입니다.

『채근담』에 "벼슬은 너무 높게 하지 말아야 하느니, 너무 높으면 위태롭다. 능한 일은 남김없이 다하지 말아야 하느니, 다 하면 쇠하기 때문이다. 행실은 지나치게 고상하지 말아야 하는 법이니, 지나치게 고상하면 비방과 핀잔이 돌아오기 때문이다."라고 했습니다.

그래서 노자는 『도덕경』에서 "지지불태知止不殆" 즉 멈출 때를 알면 위태롭지 않다 했습니다. "얻음과 잃음 어느 쪽이 병인가. 지나치게 아끼면 크게 손해 본다. 지나치게 쌓으면 반드시 크게 잃는다. 그러므로 만족함을 알면 욕될 일이 없고, 멈출 줄을 알면 위태롭지 않다."라고 했습니다.

그리고 이보다 더 큰 용기는 '지지지지知止止止'라 했습니다. "멈출 때를 알고, 멈춰야 할 때 멈추는 것이 진정한 용기이며 지혜"라고 했습니다. 몰라서 행하지 않으면 어리석다 하지만, 알고도 행하지 않으면 죄악이니 말입니다.

중국의 유명한 시인 백거이가 깨달음을 구하기 위해 도림선사를 찾았습니다. "불법의 대의는 무엇입니까?" 하고 여쭙자, 도림선사는 "나쁜 짓 하지 말고, 착한 일을 받들어 행하라. 자기의 마음을 맑게 하면 이것이 바로 부처님의 가르침이다."라고 했습니다. 대단한 가르침을 기대했던 백거이는 신통치 않다는 표정으로 "그것은 삼척동자도 다 아는 애기 아닙니까?" 하고 되물었습니다. 도림선사는 백거이를 찬찬히 보면서 말했습니다. "삼척동자라도 말하지만 팔십 노인도 행하기는 어렵지!"

이 말에 백거이는 크게 깨달았습니다. 멈출 때를 아는 것도 중요하지만, 멈춰야 할 때 멈추는 것! 곧 바로 행동으로 옮기는 것이 진정한 용기이며 지혜입니다.

지지지지의 지혜와 용기, 두고두고 가슴에 새기고 싶습니다.

그대의 어리석음으로
남을 재량하지 마라

팔공산 대각사의 도오 스님과 함께 미얀마 불교 성지를 순례한 적이 있었습니다.

잘 아시다시피 미얀마는 원래 이름이 버마였습니다. 1989년 쿠데타로 군부가 집권하면서 미얀마로 바뀌어 지금에 이르게 된 것입니다. 또한 한반도의 3.5배 면적에 인구 5천여만 명의 90% 이상이 불교도일 만큼 불교 성지의 나라입니다.

수도인 양곤 중심부에 위치한 쉐다곤 파고다(사탑)를 보는 순간, 저는 그 웅장함에 할 말을 잃었습니다. 120m 높이의 황금 대탑은 가로 18cm, 세로 3cm 크기의 황금판 36만 장을 이어 붙인 것입니다. 탑 상륜부에는 76캐럿의 다이아몬드가 박혀 있다고 했습니다. 기원전 585년 두 형제가 석가모니 부처님의 성발(聖髮), 즉 머리카락 여덟

과를 이곳에다 모시고 탑을 세운 것이 그 기원이었다고 합니다.

　황금 대탑의 웅장함도 웅장함이지만 저녁 무렵이면 남녀노소 할 것 없이 모든 시민들이 이곳 주위로 몰려와 간절한 소원을 비는 경건함에 절로 머리가 숙여졌습니다.

　양곤에서 1시간 거리에 있는 바간 지역에는 2천 5백 기의 거대한 불탑이 끝없이 세워져 하늘과 맞닿아 있었습니다. 그 위대함에, 부처님의 가르침을 향한 간절함에 절로 감탄사가 쏟아졌습니다. 인간 내면의 숭고함이 보여준 극치였습니다.

　보따따웅 파고다에는 멀리서나마 육안으로 볼 수 있는 나선형 모양을 한 부처님의 성발 한과가 성스럽게 모셔져 있습니다. 간절함이 통했을까? 이곳 신도회장의 특별한 배려로 그 문을 열고 부처님 성발을 직접 바로 가까이서 친견하는 영광을 얻었습니다. 총리나 수상이 와도 문을 열어 준적이 없다고 했습니다. 그 벅찬 감회에 아직도 가슴이 떨려옵니다.

　민잔과 몽유아, 만달레이 그 어느 지역을 가더라도 끝없는 불탑이 거대한 숲을 이루고 있었습니다. 시간이 멎은 땅이었습니다. 하늘과 땅과 불탑과 신심이 맞닿아 있었습니다. 부처님을 향한 그 숭고한 진리 앞에 저는 초라한 죄인이 되어 끝없이 속죄의 마음을 되뇌었습니다.

　여행 내내 마음속에는 커다란 의문이 자리 잡고 있었습니다. 부처님의 죽복이 서린 성지의 땅! 그런데 왜 이 땅의 백성들은 가난하고 궁핍한 삶을 사는 것일까? 부처님의 자비와 은총을 받아 그 어느 나라의 국민들보다도 더 행복한 삶을 누려야 하지 않은가!

그 의문이 내내 가시지 않았습니다. 그런데 그게 아니었습니다. 완전한 저의 오판이었습니다. 물질적인 덫에 걸려 사는 더렵혀진 마음으로 내린 저만의 잣대와 편견이었습니다. 비록 물질적인 삶은 가난하지만 그 나라 국민이 갖는 마음과 정신적인 삶의 세계는 제 잣대로는 가늠할 수 없는 행복한 삶을 누리고 있지 않나 하는 생각이 들었습니다.

이른 아침 사원 입구마다 스님들이 수십 명에서 많게는 백여 명 이상 일렬로 줄을 섰습니다. 공양을 탁발하러 가기 위해였습니다. 차례로 마을을 돌면 주민들이 자신의 형편껏 밥이나 나물, 음식들을 스님께 올립니다. 그리고는 자신들은 다시 음식을 지어 먹는다고 합니다.

물론 마음이 내키지 않으면 안 하면 그만입니다. 그런데 공양을 올리는 주민들의 얼굴에는 하나같이 온화함과 지극한 정성이 배어 있었습니다. 그 순간 참 행복해하는 느낌이었습니다.

자신이 먹을 것조차 변변치 않은데도 형편껏 마련해서 정성을 다해 부처님께 공양을 올리는 마음의 바탕에는 나 같은 속물이 가름할 수 없는 삶의 정수가 고여 있었을 것입니다. 행복의 척도는 물질이 아니라 바로 마음과 정신의 평화로움이었습니다. 어쭙잖게 욕망에 찌든 속물근성의 마음과 시각으로 그들의 행, 불행을 재단했던 자신의 어리석음이 다시 한 번 부끄럽게 느껴졌습니다.

행, 불행은 남이 느끼는 것이 아니라 내 마음이 느끼는 것이다. 행, 불행은 남이 가져다주는 것이 아니라 내 마음이 기르는 것이다. 행복한 삶은 남을 의식하며 사는 타인의 삶이 아니라, 내가 나를 의식하며 사는 주인 된 삶입니다. 절대 그대의 단견적인 잣대로 남을 재단하려 들지 말라. 오직 나 자신의 내면의 삶에 충실하자고 다짐 또 다짐했습니다.

'세상사 걸림 없이 살아갈 수는 없을까? 바람처럼 구름처럼 흐르는 물처럼 유유자적할 수는 없는 것일까? 왜 우리는 고통이라는 굴레 속에서 다람쥐 쳇바퀴 돌듯이 살아야 할까?'

그 해답은 하나입니다. 자신의 순수한 얼굴을 찾는 것입니다. 삶의 본질을 들여다보는 것입니다. 우리는 모진 세상을 살면서 자기의 본성을 잃어버린 지 오래입니다. 인간의 마음에는 두 개의 얼굴이 있습니다. 하나는 자신의 본바탕의 얼굴이고 다른 하나는 가면입니다. 본바탕의 얼굴은 영원불멸의 순수 의식이요 가면의 얼굴은 가식과 위선이 자리하고 있습니다. 우리는 가면을 자신의 본래의 얼굴로 착각하며 살아갑니다. 가면의 얼굴은 있는 그대로의 바탕이 아니고 꾸며진 얼굴입니다. 허상의 얼굴입니다. 우리는 하늘에 뜬 진짜의 달을 보지 못하고 호수에 잠긴 허상의 달을 진짜 달인 줄 알고 착각 속에 살아가고 있는 것입니다.

중천의 밝은 달은 언제나 교교한데 호수에 잠긴 달은 비바람에 물결이 조금만 일렁거려도 이내 흐려집니다. 우리의 마음도 이와

에필로그

같습니다. 참된 나는 언제나 그대로 여여한 데 가짜의 나는 바깥에서 불어오는 비바람 눈구름에 이내 흐려지고 맙니다. 번뇌와 고통은 바로 비바람 눈구름의 외풍에 휘둘린 마음입니다. 거울은 미추를 마다하지 않습니다. 탐하고 집착하는 마음이 없습니다. 마음은 곧 텅 빈 거울과 같다 했습니다. 허상에 대한 탐착이 곧 번뇌인 것입니다. 거울 속의 보석을 꺼내서 가지려는 어리석음과 같습니다. 고통과 번뇌는 우리의 어리석음으로 인해 생겨난 것입니다. 이제 그 어리석음에서 벗어나고자 합니다. 천고의 세월이 걸리더라도 그 길을 걷고자 합니다.

언제부터인가 막연하게 글을 쓰고 싶다는 생각이 꿈틀거렸습니다. 무엇을 어떻게 써야할 지 난감해한 지 오랜 시간이 흘렀습니다. 이제 그 내면의 소리를 지르고 보니 한결 마음이 가벼워집니다. 나의 히튼 소리가 혹여 또 나른 이의 마음의 짐이 되지 않을까 두렵습니다. 내 인연의 모든 벗들이 참다운 마음의 등불을 밝혀서 가없는 열락의 기쁨을 누렸으면 합니다.

- 2013년 9월 남달구

'행복에너지'의 해피 대한민국 프로젝트!
〈모교 책 보내기 운동〉

대한민국의 뿌리, 대한민국의 미래 **청소년·청년**들에게 **책**을 보내주세요.

많은 학교의 도서관이 가난해지고 있습니다. 그만큼 많은 학생들의 마음 또한 가난해지고 있습니다. 학교 도서관에는 색이 바래고 찢어진 책들이 나뒹굽니다. 더럽고 먼지만 앉은 책을 과연 누가 읽고 싶어 할까요? 게임과 스마트폰에 중독된 초·중고생들. 입시의 문턱 앞에서 문제집에만 매달리는 고등학생들. 험난한 취업 준비에 책 읽을 시간조차 없는 대학생들. 아무런 꿈도 없이 정해진 길을 따라서만 가는 젊은이들이 과연 대한민국을 이끌 수 있을까요?

한 권의 책은 한 사람의 인생을 바꾸는 힘을 가지고 있습니다. 한 사람의 인생이 바뀌면 한 나라의 국운이 바뀝니다. **저희 행복에너지에서는 베스트셀러와 각종 기관에서 우수도서로 선정된 도서를 중심으로 〈모교 책 보내기 운동〉을 펼치고 있습니다.** 대한민국의 미래, 젊은이들에게 좋은 책을 보내주십시오. 독자 여러분의 자랑스러운 모교에 보내진 한 권의 책은 더 크게 성장할 대한민국의 발판이 될 것입니다.

도서출판 행복에너지를 성원해주시는 독자 여러분의 많은 관심과 참여 부탁드리겠습니다.

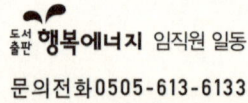 임직원 일동

문의전화 0505-613-6133